中国楼宇经济蓝皮书

BLUE BOOK
OF BUILDING ECONOMY IN CHINA

中国楼宇经济发展报告（2017）

品质品位品牌：楼宇经济的下一个“风口”

ANNUAL REPORT
ON DEVELOPMENT OF CHINA’S BUILDING ECONOMY
(2017)

夏效鸿／编　著

经济日报出版社

图书在版编目（CIP）数据

中国楼宇经济发展报告. 2017：品质品位品牌：楼宇经济的下一个“风口”／夏效鸿编著. -- 北京：经济日报出版社，2018.5

ISBN 978-7-5196-0339-7

Ⅰ. ①中… Ⅱ. ①夏… Ⅲ. ①房地产经济-经济发展-研究报告-中国-2017 Ⅳ. ①F299.233

中国版本图书馆 CIP 数据核字（2018）第 080597 号

中国楼宇经济发展报告. 2017：品质品位品牌：楼宇经济的下一个“风口”

编　　著	夏效鸿
责任编辑	陈礼滟
校　　对	徐建华
出版发行	经济日报出版社
社　　址	北京市西城区白纸坊东街 2 号 A 座综合楼 710
邮政编码	100054
电　　话	010-63567683（编辑部） 010-63588446　63567692（发行部）
网　　址	www.edpbook.com.cn
E - mail	edpbook@sina.com
经　　销	全国新华书店
印　　刷	中国电影出版社印刷厂
开　　本	710×1000 毫米　1/16
印　　张	13
字　　数	176 千字
版　　次	2018 年 5 月第一版
印　　次	2018 年 5 月第一次印刷
书　　号	ISBN 978-7-5196-0339-7
定　　价	80.00 元

《中国楼宇经济蓝皮书》系列简介

《中国楼宇经济蓝皮书》由中国楼宇经济知名专家夏效鸿副研究员主持编纂。全书以30个城市的75个城区楼宇经济发展状况为对象，每年确定一个主题，对楼宇经济发展趋势、特点、模式等进行深入系统地研究，对50个典型城区的楼宇经济发展水平进行评价、排序和述评，并集中展示城区政府、高等院校、科研机构的最新研究成果，以期为地方政府发展楼宇经济提供参考与借鉴。

《中国楼宇经济发展报告（2011）：转型升级背景下的楼宇经济发展》

在分析国内30个城市的50个城区楼宇经济发展状况的基础上，提炼出国内楼宇经济发展的“9大模式”“9大路径”。基于国内城市50个城区楼宇经济发展案例，分析了当前楼宇经济发展中存在的问题，提出了促进楼宇经济发展的对策、措施。

《中国楼宇经济发展报告（2012）：楼宇经济与城市可持续发展》

以“楼宇经济与城市可持续发展”为主题，归纳出老城区（中心区）、新城区（开发区）、高端区（核心区）、县城（县域）楼宇经济发展的路径选择。基于国内城市70个城区楼宇经济发展状况，提出了实施“三个转向”、突出“三条主线”、实现“三大突破”等促进楼宇经济发展的对策与措施。

《中国楼宇经济发展报告（2013）：楼宇经济发展与政府服务力提升》

以“楼宇经济发展与政府服务力提升”为主题，结合当前政府职能转变新形势、楼宇经济发展新态势，深入研究了楼宇经济不同发展阶段的政府角色和服务模式，探索提升政府服务力，提高楼宇经济效益、社会效益、人文效益的思路对策。

《中国楼宇经济发展报告（2014）：“新常态”下的楼宇经济融合发展》

以“‘新常态’下的楼宇经济融合发展”为主题，立足“新常态”下楼宇经济融合发展的现状、特点，总结提炼出以楼宇集聚力为主要驱动的“载体融合”、以产业耦合力为主要驱动的“功能融合”、以外因影响力为主要驱动的“要素融合”三个方面的“九个模式”，预测了未来楼宇经济融合发展的“五大趋势”。针对楼宇经济发展中存在的“四个不够”问题，提出了促进楼宇经济融合发展的对策、措施。

《中国楼宇经济发展报告（2015）：楼宇经济“2.0 时代”的“互联网 +”路径》

以“楼宇经济‘2.0 时代’的‘互联网 +’路径”为主题，通过对楼宇经济发展历程的分析总结，做出楼宇经济步入“2.0 时代”的重要判断。基于国内 30 个城市的 75 个城区楼宇经济发展现状，总结出“2.0 时代”楼宇经济的产业跨界、要素融合、功能再造、空间共享、平台重塑、服务协同等“六大‘互联网 +’路径”，针对性地提出“2.0 时代”楼宇经济发展的“五大对策”。

《中国楼宇经济发展报告（2016）：“去库存化”任务下的楼宇经济发展》

以“‘去库存化’任务下的楼宇经济发展”为主题，通过分析总结国内楼宇经济发展总体状况、楼宇“去库存化”的做法与经验，做出“楼宇经济发展步入‘拐点期’”的重要判断。基于国内30个城市的75个城区楼宇经济发展现状，结合各地楼宇“去库存化”的经典案例，总结出城市综合体、特色小镇、产业园区、“都市工业”、特色街区、专业市场、“众创空间”“联合办公”“商务花园”等楼宇“去库存化”的“九大模式”，针对性地提出“以新理念引领新征程”“以新功能再造新优势”“以新要素提升新活力”“以新模式重构新业态”“以新动能驱动新发展”等“去库存化”任务下的楼宇经济发展“五大方案”。

《中国楼宇经济发展报告（2017）：品质品位品牌：楼宇经济的下一个“风口”》

以“品质品位品牌：楼宇经济的下一个‘风口’”为主题，基于对国内30个城市的75个城区楼宇经济发展现状的分析总结，提出了社会发展进入“三大时代”、城市发展显露“三大软肋”、楼宇发展面临“三大变量”的观点，从而做出“楼宇经济发展到了下一个‘风口’”的判断。通过对国内品质品位品牌楼宇典型案例所呈现“六大特色”的归纳提炼，对楼宇经济的下一个“风口”该怎么看、怎么办、怎么干提出了对策建议。

《中国楼宇经济蓝皮书（2017）》编委会

顾　问：楼建忠（杭州江干区政府区长）
　　　　余天西（中共咸阳渭城区委书记）
　　　　张学锋（邢台桥东区政府区长）
　　　　陈奕蒙（中共南昌西湖区委常委、区政府常务副区长）

主　编：夏效鸿

导　　读

从2002年开始对楼宇经济的关注到2005年楼宇经济研究论文的发表，从2009年出版国内第一部楼宇经济专著《楼宇经济发展研究》到2011年全国第一部《中国楼宇经济蓝皮书》的问世……16年来，我们始终以前瞻的眼光持续关注国内楼宇经济的发展趋势、以鲜活的案例深层研究楼宇经济发展走向、以接地气的方案帮助各地解决楼宇经济发展中的问题，从理论到实践，又从实践到理论……

继2009年全国第一部楼宇经济专著《楼宇经济发展研究》问世后，2011年起又陆续出版年度《中国楼宇经济蓝皮书》。7年来，我们相继以《转型升级背景下的楼宇经济发展》《楼宇经济与城市可持续发展》《楼宇经济发展与政府服务力提升》《"新常态"下的楼宇经济发展》《楼宇经济"2.0时代"的"互联网+"路径》《"去库存化"任务下的楼宇经济发展》《品质品位品牌：楼宇经济的下一个"风口"》为主题，对楼宇经济发展进行了持续、深入的研究，并发布每年度的《中国楼宇经济发展报告》。

《中国楼宇经济蓝皮书（2017）》是在"经济发展由高速增长阶段转向高质量发展阶段"的大背景下，对楼宇经济发展展开的又一轮深层次研究。全书围绕楼宇经济品质品位品牌的提升，以国内30个城市的75个城区为对象展开深入、系统的研究，最终形成由《中国楼宇经济发展报告（2017）》《中国楼宇经济发展水平评价报告》《中国楼宇经济发展政策比较》《中国楼宇经济典型城区发展实践报告》《中国楼宇经济专题研究报告》5大部分组成的研究成果。

《中国楼宇经济发展报告（2017）》——以"品质品位品牌：楼宇经济的

下一个‘风口’”为主题，基于对国内30个城市的75个城区楼宇经济发展现状的分析总结，提出了社会发展进入“三大时代”、城市发展显露“三大软肋”、楼宇发展面临“三大变量”的观点，从而做出“楼宇经济发展到了下一个‘风口’”的判断。通过对国内品质品位品牌楼宇典型案例所呈现“六大特色”的归纳提炼，对楼宇经济的下一个“风口”该怎么看、怎么办、怎么干提出了对策建议。

《中国楼宇经济发展水平评价报告》——《中国楼宇经济发展水平评价报告（2017）》以“高质量发展”为理念，根据楼宇经济发展水平评价指标体系，采用2016年度相关数据，对19个副省级以上城市、12个地级城市以及50个典型城区的楼宇经济发展水平进行评价，以期为地方政府发展楼宇经济提供参考。

《中国楼宇经济发展政策比较》——选取国内楼宇经济发展中具有不同特色的27个城市的40个城区，从奖励门槛、购（租）房、物业管理、楼宇业主、楼宇经营、特色楼宇打造、楼宇改造提升、政府服务等8个方面，对其楼宇经济政策作一简单比较，以供地方政府在制定、完善楼宇经济政策时参考、借鉴。

《中国楼宇经济典型城区发展实践报告》——重点以广州、杭州、南昌、邢台等城市楼宇经济发展特色城区为案例，从建设现代国际商贸中心、推进楼宇经济转型升级、商务楼宇招商、村级工业园更新改造、冀中南城市楼宇经济引领区发展等不同角度，对楼宇经济发展进行了深入的实证研究，展现了各地楼宇经济发展的新特色、新亮点和新经验，为其他城区的楼宇经济发展提供了可资借鉴的经验。

《中国楼宇经济专题研究报告》——结合《中国楼宇经济发展报告（2017）》研究主题，重点选取建设城市活力空间、通风廊道气候规划、创新推进“城市双修”、城区产业发展高端化特色化策略、台湾产业园区转型发展动向启示等子课题展开深入探讨，进一步深化与拓展了对楼宇经济的研究。

目　　录

中国楼宇经济发展报告（2017）

中国楼宇经济发展水平评价报告（2017）

中国楼宇经济发展政策比较

中国楼宇经济典型城区发展实践报告

中国楼宇经济专题研究报告

附 录

中国楼宇经济发展报告（2017）

以“品质品位品牌：楼宇经济的下一个‘风口’”为主题，基于对国内30个城市的75个城区楼宇经济发展现状的分析总结，提出了社会发展进入“三大时代”、城市发展显露“三大软肋”、楼宇发展面临“三大变量”的观点，从而做出“楼宇经济发展到了下一个‘风口’”的判断。通过对国内品质品位品牌楼宇典型案例所呈现“六大特色”的归纳提炼，对楼宇经济的下一个“风口”该怎么看、怎么办、怎么干提出了对策建议。

品质品位品牌：楼宇经济的下一个“风口”

夏效鸿*

中共十九大报告指出：“我国经济已由高速增长阶段转向高质量发展阶段，正处在转变发展方式、优化经济结构、转换增长动力的攻关期，建设现代化经济体系是跨越关口的迫切要求和我国发展的战略目标。必须坚持质量第一、效益优先，以供给侧结构性改革为主线，推动经济发展质量变革、效率变革、动力变革，提高全要素生产率，着力加快建设实体经济、科技创新、现代金融、人力资源协同发展的产业体系……”中央经济工作会议强调：“推动高质量发展，是保持经济持续健康发展的必然要求，是适应我国社会主要矛盾变化和全面建设小康社会、全面建设社会主义现代化国家的必然要求，是遵循经济规律发展的必然要求。”

随着中国特色社会主义进入新时代，在社会主要矛盾发生历史性变化的背景下，转向高质量发展已经成为新的时代要求，成为新时代的基本特征。当前，商务楼宇已从大拆大建、一哄而起的新楼市场阶段迈向“二手楼”市场趋势性上升、新楼市场无序开发并存的存量楼宇时代，许多城区新楼“去库存化”压力未减，却又面临老楼有机更新的压力。总体上看，国内楼宇经济发展

* 夏效鸿：副研究员，中国楼宇经济知名专家，《中国楼宇经济蓝皮书》编著，浙江大学、浙江工业大学专业学位硕士生导师，南京大学、浙江工业大学 MBA 兼职教授，杭州发展研究会理事。主要研究领域：楼宇经济、总部经济、特色街区经济。

正处于“一线城市在提高中发展、二三线城市在发展中提高”的阶段。但一线城市的发展应该是有品位的发展，二三线城市的提高也应该是有质量的提高。不管从哪个角度而言，楼宇经济都到了该提升的时候。

“时代是出卷人，我们是答卷人，人民是阅卷人”。我国正处于转变发展方式的关键阶段，传统发展方式难以为继，新一轮科技革命和产业变革正多点突破。站在新的历史起点上，如何更好地谋划楼宇经济发展？如何更好地推进楼宇经济高质量发展？在这份沉甸甸的“时代考卷”上，既有“是非题”，也有“选择题”；既有“单选题”，也有“多选题”，每道题都是难啃的“硬骨头”。哲学家培根说过：“一个人如果从肯定开始，必以疑问告终。如果他准备从疑问开始，则会以肯定结束。”在经济发展的新旧动能转换期，唯有更好地发挥“有为政府”与“有效市场”的作用，推动楼宇经济发展质量变革、效率变革、动力变革，才能在新时代的坐标中对标高标准，在新一轮发展中增强“获得感”。

国内城市楼宇经济发展现状

2016年，是我国调结构、转方式、增动能的重要一年。根据中央经济工作会议提出的“去产能、去库存、去杠杆、降成本、补短板”工作任务，许多地方政府相继出台了一系列促进楼宇“去库存化”、楼宇经济“补短板”的政策“组合拳”，一定程度上减轻了地产业转型发展带来的“阵痛”，也给楼宇经济发展带来了新的机遇。可喜的是，有了前些年商业地产一哄而起、无序开发的“前车之鉴”，人们更能体会到盘活库存、运营楼宇的紧迫性和重要性，楼宇经济就区位谈区位、就产业引产业、就经济抓经济的单一化发展现象有了较大的改观，追求楼宇的经济效益、社会效益、人文效益、生态效益正成为楼宇经济发展的新导向，从而呈现出“品质品位品牌”有机结合、“生产生活生态”相得益彰的“动态平衡”。

一、楼宇经济品质在多元效益中得以提升

楼宇经济经过“1.0时代”10多年的发展，转变了城市拼资源、靠土地、唯GDP的传统的、粗放的发展模式，转而依靠高端的产业、人才、技术、服务、文化、品牌等软实力，其不断迸发的经济效益、社会效益、人文效益、生态效益，一定程度上改变了城市的魅力品位、发展方式和竞争模式，实现着城市的可持续发展。

（一）楼宇品质在楼宇经济效益中得以提升

北京市共吸纳超过90万平方米的甲级以上品质楼宇面积和超过50万平方米的乙级楼宇及园区型物业。全市商务楼宇供应比2016年入市项目相对减少，甲级商务楼宇空置率从年初的10.3%降至4.3%，整体租金从360.3元/平方米·月升至364.2元/平方米·月，全市超甲级楼宇平均租金由每月每平方米471.9元升至每月每平方米485.8元，核心区甲级楼宇平均租金上扬至378.6元。作为嘉兴东部新城发展的三大平台之一，南湖新区依托嘉兴接轨上海的有利时机，借势借力突出大平台建设，以东部新城建设为牵引，全力打造能够承载经济新一轮成长、最具发展潜力的城市副中心，展现“创新活力之区、文化休闲之城、宜居宜业之地”的新面貌。辖区内超亿元税收楼宇3幢、超千万元税收楼宇7幢，新增市级特色楼宇3幢、区级特色楼宇1幢，楼宇经济继续领跑全市。广州天河中央商务区出台多项措施，加快楼宇管理服务升级，加强优质产业培育，打造了一批税收超亿元楼宇，有力促进了楼宇经济的蓬勃发展。2017年，天河CBD实现GDP2991.22亿元，增长8.9%，占天河区的69%，占广州市的13.9%。目前，天河CBD内甲级写字楼118幢，平均楼高40层以上，总建筑面积约1250万平方米。其中，纳税超1亿元的楼宇51幢，纳税超

10亿元的楼宇15幢，汇聚了花旗银行、IBM、安联保险等184个“世界500强”企业项目，以及全市70%的中外资金融机构、以全球四大会计师事务所为代表的全市1/3的会计师事务所、以大成和广信君达为代表的全市1/3的律师事务所。广东中山市出台《中山市促进楼宇经济发展的实施意见》，将全市范围内的现代商务商业办公楼、大型城市综合体、创新创业科研楼（含科技孵化器）等纳入重点楼宇扶持范围，通过实施“促进一批，共建一批，提升一批”三项工程，“促进一批”低效楼宇、“共建一批”特色楼宇、“提升一批”亿元楼宇，初步形成主体功能明确、产业发展联动、资源配置优化、整体效能提升的楼宇经济发展格局，新兴金融、研发和科技服务、电子商务、文化创意、健康服务等2840家新兴业态企业入驻18幢亿元楼。烟台芝罘区采取“产业集群发展、企业集中引进”的方式，围绕全区重点发展的商贸服务业、金融保险业、文化创意业、人力资源业、商务服务业、医疗养老业、现代物流业、旅游业、教育科技业等服务产业，打造一批业态鲜明、空间集聚、竞争有力的特色产业园区，进一步提升了全区服务业发展的层次和水平。2016年，园区入驻企业380多家，总产值突破6.5亿元，从业人员3000余人。南昌西湖区强化“平方米税收”理念，通过政策引导、服务引入、机制引领、技术引航为重要抓手，着力打造楼宇（总部）经济发展新高地。2016年，74幢商务楼宇中税收达亿元以上的8幢、税收达千万元以上的17幢，平均每平方米税收达2402元。广州越秀区沿环市路、东风路、中山路、沿江路、广州大道等交通主干道分布的366幢重点商务楼宇，正逐步成为吸纳、孵化、培育、壮大企业的核心载体，入驻了一大批商贸、金融、健康医疗、文化创意等主导产业。2016年，重点商务楼宇实现税收超220亿元，占全区税收的60%以上；年营业收入超百亿元的商务楼宇13幢、年税收过亿元的商务楼宇52幢。淮北相山区深入推进重点商贸项目建设、楼宇“腾笼换鸟”等工作，楼宇资源在淮海路商圈、人民路商圈等区域不断扩容，通过招商引资，中介服务、文化创意、广告设计、金融证券、房地产开发等，优势产业在楼宇中的集聚效应不断放大。

全区已建成商务楼宇34幢，总投资约100亿元，总建筑面积约150万平方米，其中上规模（即总面积≧8000平方米或楼宇税收≧300万元）的商务楼宇13幢，总面积约25万平方米。武汉武昌区依托长城汇T2幢31层700平方米空间，建成目前全市最先进的多功能招商展示中心，先后推荐联邦快递、长江期货、史带财险、同方全球等区域总部公司入驻楼宇，其中总部企业20家，占全区总部企业的40%。

（二）楼宇品质在楼宇社会效益中得以提升

广州越秀区牢固树立品质第一、紧凑城市理念，对标国际国内先进城市，推动楼宇特色化、品牌化发展。组织开展“十佳商务楼宇”评比活动，评出15幢“十佳商务楼宇”，认定10个总部经济发展基地，形成了新光明28大厦、东方文德广场、广州民间金融大厦、羊城同创汇、南方289园区等主题特色商务楼宇。2016年，新增税收1亿元以上楼宇7幢。郑州二七区坚持从“品牌、品质、品位”发力，把二七新区、马寨产业集聚区、二七特色商业区、医疗及公共服务区、美丽乡村田园生态区等“五大板块”作为全区经济发展的主战场、主引擎，不断改进城市的“精细化”管理水平，走出了一条符合郑州都市区规划、实现主城区整体效益最大化、富有二七特色的发展之路。南昌西湖区为向楼宇经济要发展、要效益，打造品质、品位、品牌楼宇经济，专门成立了一支商务楼宇服务团队，创建了区四套班子成员在内的“三级楼长负责制”。31名县级领导挂点全区74幢商务楼宇，全面构建由区领导任总楼长、属地街道班子成员任执行楼长、社区（村）负责人任属地楼长的三级“楼长制”基础管理架构，形成了齐抓共管的良好局面。潍坊奎文区建立商务楼宇区、街道、楼宇业主联合服务机制，打造楼宇工作“1+2+N”服务团队，“楼长”、楼宇属地街道和经济（产业）部门楼宇首席联络员与招商、市场监管、住建、商务、文化、国税、地税、城管、公安等单位的楼宇服务人员通力协作，做好楼宇招商、楼宇治税、产业发展、企业服务、楼宇统计、楼宇自治、楼宇外部环境及楼宇文化建设等工作，实现楼宇工作专业化、高效化运作。武汉武昌区借市区招商引资“一号工程”推进之机，将打造亿元楼宇作为招商攻坚任务，积极开展专业化、精准化招商，以环渤海、长三角、珠三角等经济发达地区作为主要方向，重点吸引“世界500强”“中国企业500强”“中国民营企业500强”企业、产业龙头企业来楼宇考察，切实提升了楼宇招大引强的力度和水平。邢台桥东区重点围绕大商贸、大文化、大健康、大数据重点产业，依托世贸天街、顺德新街、开元观唐三大楼宇经济主战场，积极打造世贸天街服务外包示范基地、顺德新街总部基地、开元观唐培训教育总部基地。目前，全区楼宇招商已签约入驻企业47家，总入驻面积11万平方米。广州天河中央商务区以全市最丰富的人才资源和最优秀的科研环境，吸引无线电集团、华为研发中心、建设银行总行研发中心等创新总部企业集聚，涌现出以动景UC、酷狗、玖的数码为代表的新一代信息技术总部企业。目前，商务区拥有140家“世界500强”企业设立的184个项目机构，集聚了广州市25%的总部机构、70%的金融机构。武汉武昌区采取政府引导、定向招商、特色集聚等方式，因地制宜、“一楼一品”地引导行业集聚发展，精心打造了“众创空间”大厦，引进天远视科技、网易通、36氪、知卓资本等28家企业入驻，科技型企业入驻率达50%以上。

（三）楼宇品质在楼宇生态效益中得以提升

广州越秀区通过政策引导老旧商务楼宇升级改造，鼓励发展优质和特色商务楼宇，2016年共引导友谊商业大厦、新光明28、南方铁道大厦等30多幢商务楼宇业主投入3亿元实施升级改造，推动珠江国际大厦升级智能化系统，支持东峻广场美化楼宇外观，鼓励广州世贸中心大厦改善冷水机组设施设备，引导羊城同创汇新建机械式停车设施等。福州鼓楼区坚持以盘活、新建、更新三种方式拓展楼宇经济的发展空间，通过问题导向、综合施策、引进战略投资者等方式拓展了约40万平方米的楼宇空间，通过“拆除一批、规划一批、建设一批”的方式新增了60多万平方米5A级写字楼，通过环境综合整治、旧商务楼宇改造提升实施了42幢楼宇的提升工程。该区还用近2亿元的补助撬动了近200亿元的社会资本投入，释放楼宇空间近200万平方米，实现了楼宇经济载体的新突破。洛阳西工区积极引导各乡镇、街道办事处对面积较大、周边环境较好、有可改造空间的老旧楼宇进行改造，并协调投资主体落实改造资金，做好唐宫大厦、城市杰座、春蕾大厦等老旧楼宇的电梯老化、外立面老旧等改造问题。徐州鼓楼区大力推进老旧楼宇提档升级，重点做好站前淘宝城、琵琶街坊中心、华夏文化楼、原九里区政府机关大楼、陆氏五金楼等一批商务楼宇的改造、招商，筛选了14家税收大户、潜力税源入驻改造楼宇。青岛市北区通过道路改造、老城区改造、老厂房改造等，实施产业、人才政策扶持等一系列措施，重点发展航运经济、金融产业、信息技术等行业，共形成区块链大厦、资本大厦、新动能大厦、青岛国际公共法律服务产业园等特色楼宇14幢。南昌西湖区对区内商务楼宇新增企业的工商注册、税收归属、依法纳税情况实行“每周一调度、每月一专报”的工作模式，结合每月“四梁八柱”专题调度会实行问题处理、解决情况的跟踪问效工作制，实现对楼宇企业税收及时掌握、动态管理，从而杜绝漏登、漏征、漏管现象。天津和平区利用市场化手段着力开展中档楼宇“腾笼换鸟”和转型升级工作，通过积极联系楼宇产权人和经营管理单位，详细掌握楼宇的基本情况，研究、制定具体提升改造和招商引企方案，共转化龙通大厦、名都大厦、鞍山道科技金融大厦、百货大楼商务大厦、天珺大厦商务楼宇10幢，转化商务办公面积达34.7万平方米。嘉兴南湖新区通过政策引导扶持、加大产业招商力度、提升服务效能，形成了以南湖商会大厦和南湖环球金融中心为代表的金融服务产业、以龙翔大厦为代表的健康服务产业、以嘉兴电子商务产业园内1号园和6号园为代表的高端电商产业三大产业集聚平台。

二、楼宇经济品位在有序更新中得以彰显

在楼宇经济发展过程中，许多城市也逐渐意识到，靠房地产开发、靠土地出让带动基础设施更新升级的发展模式，迟早将难以为继，未来的城市发展，也绝不能靠传统房地产，必须转换发展动能。因此，纷纷通过城市的有机更新，调整好生产、生活、生态三者之间的关系，注重凸显楼宇的品位，以找寻楼宇经济发展的“原动力”。

（一）发展定位彰显楼宇经济品位

北京朝阳区以“打造具有世界影响力的国际商务中心”为目标，积极发展现代服务业、国际金融、文化创意产业、高新技术产业四大产业，着力推进北京 CBD 核心区、北京 CBD 东扩区、奥林匹克公园核心区、垡头科技 CBD、东坝国际商贸中心、CBD——定福庄国际传媒走廊、大望京科技商务创新区等“十大发展基地”的规划和建设。成都温江区依托“近城而不进城”的区位优势，提升生态优势、挖掘文化底蕴，着力打造“中国商务花园第一区”，通过中央商务花园、创智商务花园、健康商务花园、文创商务花园、文博商务花园“五大花园”，着力推进楼宇经济与优美生态融合发展。邯郸丛台区作为三线城市的核心区，以超前的眼光和思路提出打造“华北商务办公首选地”，以楼宇经济构筑“邯郸新名片、华北新门户、中原新客厅”，取得了令人瞩目的快速发展。武汉武昌区针对新时代商务中心、中南电力设计院大厦的空置面积、配套设施、租金物业费用等情况进行细致分析，结合“2+4+1”的产业定位，有针对性地制定龙头企业、总部企业、新兴产业引进计划，明确亿元楼宇打造方向和路径。嘉兴南湖新区以盘活空间资源、培育特色产业为主抓手，立足打造嘉兴城市副中心，接沪联杭先行区，共培育市级品牌楼宇 10 幢，其中税收贡献突出的重点楼宇 3 幢，产业集聚明显的特色楼宇 7 幢。洛阳西工区紧盯新建楼宇，做好定位招商，加强与芳林大厦、凯旋广场、五洲国际等商务楼宇的

对接工作，引导其安装、配备技防、消防等安全配套设施，多渠道推介已建成的商务楼宇，协助其开展招商与产业定位工作，确保其尽快投入使用；协助其解决在建设中遇到的问题，协调上级部门办理相关证件的进度，使其早建成、早投用、早生效。徐州鼓楼区对照主题楼宇认定条件，着力引导企业争取注册或变更到相应的特色主题楼宇内，增强特色主题楼宇的集聚力，重点打造汇源置地、和信广场、龟山文创科技园、金驹钢材贸易楼、米兰国际广场等10个特色主题楼宇。青岛市北区将“青岛中心区在功能上的补充和完善、空间上的拓展与延伸”作为青岛中央商务区的功能定位，以航运服务、金融服务、地理信息技术、建筑设计、工业设计、信息技术为主导产业，着力建设金融、科技、信息、商业等现代服务业的高端产业聚集区和核心区。根据远期规划，区域内楼宇资源总建筑面积规模将达到600万平方米左右。邢台桥东区坚持“政府引导、特色定位、培育龙头、市场运作”，在全区打造了“一个示范区、四幢特色楼宇、六幢千万元税收楼宇”，实现了入驻企业1000余家，创税1.8亿元。嘉兴嘉善县从源头规划布局商务特色楼宇项目，提高楼宇入驻率，提升楼宇品质，初步形成了金融商贸核心经济带和高铁新城电商产业园、嘉善信息科技城、归谷智造小镇三个园区的“一带三区”格局，引进银泰百货、太平洋百货等知名百货公司2家，华夏银行、民生银行、嘉兴银行、浙商银行、农商银行、兴业银行等金融机构10多家，弄堂里、春天里、星巴克等连锁餐饮品牌60多家。

（二）发展格局彰显楼宇经济品位

北京通州区依托楼宇载体，合理布局产业板块，适度主题化发展电子商务、科技服务、信息与软件服务等重点业态，整体提升区域产业档次，实现政府、楼宇、企业三方共赢，初步形成了沿金沙街道、南通高新区、南通家纺城分布的楼宇经济格局。广州越秀区对接市“一江两岸三带”战略，制定“长堤十里洋场”复兴计划，实施31项重点建设项目，打通13.4公里滨江岸线，改造提升沿江景观和休闲功能，构建“一堤、一港、一岛、一湖”空间格局，打造路径连续贯通、步行安全舒适的滨水环境。以海珠丹心为重要节点，推进16.5万平方米恒基中心和4万平方米海珠广场地下空间开发，打造广州传统中轴线新地标。天津和平区坚持大力发展商务楼宇，适度发展商业设施，控制发展商品住宅，保护利用风貌建筑，充分发挥规划的先导作用，将服务业现状用地比重由29%提高到40%，有效拓展了商务楼宇的发展空间。重庆沙坪坝区着力构建特色鲜明的开放型综合体，推进“联合办公”“柔性办公”，实现“楼宇＋特色街区”“楼宇＋特色小镇”的融合发展，融汇温泉城泉里小镇、S1938等特色街区由“分割式”分布格局向“共享式”的商业商务综合体转变。天津南开区围绕“两圈两区一中心”规划布局，对现有旧厂房、老校区、空置楼宇进行梳理定位，通过“规划＋政策”“资源＋运营”“联动＋招商”“创新＋转型”四种模式，为闲置楼宇资源注入新活力。重庆渝中区将解放碑商圈作为全市“十二五”规划确定的唯一市级商业中心，基本形成了以十字金街为核心，以LV、GUCCI、PRADA等国际品牌为特色的“名品之门”、名表珠宝为特色的“财富之门”、以潮流消费为特色的“时尚之门”、以国泰广场、重庆百货、新世纪等本土传统商业为特色的“记忆之门”等“一心四门”商业格局，累计集聚国际知名品牌215个，其中70%为重庆独有，外来消费人群约占70%。南京鼓楼区以11公里滨江风光带为廊道，串联江东软件城、下关滨江商务区及幕府山新产业区三个产业功能片区，形成建设重点从老城向滨江转移、空间形态由生活居住向总部楼宇转换、产业结构由传统低端向现代高端转型的滨江总部楼宇经济带，成为引领南京从“秦淮河时代”迈向“长江时代”的标志，区域内已投入使用南京国际服务外包大厦、联创科技大厦、南大苏富特创新科技园、艾志工业科技中心一期、华能滨江总部基地1号楼等总部楼宇7幢、总建筑面积38万平方米。天津北辰区着力完善楼宇经济空间发展布局和产业功能定位，促进楼宇合理集聚和布局优化，在中心城区、北部新区和地铁沿线等重点区域规划建设楼宇经济产业园、在环外片区规划建设楼宇经济集聚区、在园区发展以楼宇经济为重点的商务中心，楼宇经济年实现税收 5.4 亿元，同比增长 20%。

（三）发展环境彰显楼宇经济品位

杭州江干区出台《江干区大招商机制实施意见》，通过全区统筹、利益分配、共同服务等机制，促进楼宇资源与招商力量相互协调、楼宇资源与招商信息相互匹配，进一步打破招商引资工作中各街道和智慧城之间的行政壁垒，形成楼宇资源全区共享、合力大招商的格局。南京鼓楼区坚持把楼宇改造提升作为主城提升楼宇品质能级的重要举措，在总结推进颐和商厦改造项目工作经验的基础上，深入对重点区域内的凤凰广场、世贸中心、金基都市产业园、国药大厦等楼宇开展基础情况调研，对接研讨改造实施方案和改造进程。广州越秀区对接市城市更新“1+3”政策，开展城市更新 5 年行动计划，加快解放中安置房、越秀南复建房、东园绿化广场等重点项目建设，加大力度协调盘活 12 宗烂尾楼、26 宗超期未动工地块和 66 宗工业（厂房、仓库）用地，最大限度释放 57.3 万平方米土地资源能效。重庆渝中区实施“热水瓶换胆”工程，制定改造总体计划和资助改造的实施细则，确定重点改造片区，优先安排商业商务建筑面积大、投资规模大、产权集中度高、改造方案成熟的楼宇。宁波海曙区启动楼宇“低产田”改造行动，成立商务楼宇改造提升工作领导小组，将建筑面积在 8000 平方米以上的老楼宇作为重点对象，每年安排 1000 万元进行扶持改造，提高楼宇的商业附加值。宁波鄞州区对辖区内占总楼宇数量 32.5% 的 11 幢 10 年龄以上老旧商务楼宇改造，通过开展楼宇改造工作盘活存量楼宇，从完善综合功能、更新硬件设施、改善周边配套、提升入驻业态入手，以楼宇更新推动楼宇经济提速发展，相继完成总建筑面积 26.44 万平方米的旧楼改造任务。福州楼鼓区以国家服务业综合改革试点为契机，加快服务业集聚示范区建设，按照“盘活存量、提升增量”的思路，将 8 幢商务楼宇列入首批旧楼宇改造提升试点，由政府出资鼓励开展旧商务楼宇改造提升。天津河北区坚持定期研究对策、定期入楼服务，加快亿元楼宇打造盘活速度，在政策资金扶持、提升改造、加快产业聚集等方面，全力做好推进和服务工作，已吸引天津嘉颐实业有限公司、麦当劳天津地区总部、天津隆远房地产等一批优秀企业入驻，盘活空置楼宇面积 12.8 万平方米。洛阳西工区按照“政府引导，企业运营，政策激励，互利共赢”的思路拟定“打造示范楼宇实施方案”，提升改造一批具有发展潜力的存量楼宇，通过对春蕾大厦、唐宫大厦、城市杰座、科委写字楼、华源财富、中泰商务硬件设施和办公软环境的改善，促进该楼宇整体形象的提升。广州天河中央商务区楼宇经济发展突出智慧城市、绿色生态、幸福生活的特点，随着金融机构、重点企业的纷纷进驻，环境、交通、公共配套设施也日益完善。周大福金融中心、广州国际金融中心等标志性建筑林立，展现了现代时尚的城市景观，使天河 CBD 更具国际特色、更具时尚魅力、更具可持续发展能力。徐州鼓楼区积极探索合作模式，充分挖掘辖区行政事业单位的楼宇资源，拓展楼宇资源空间，完善现有老旧楼宇配套设施，鼓励支持企业整体改造，收到了良好效果。

三、楼宇经济品牌在人文诉求中得以重塑

城市文化是满足人们精神需求的食粮，是人们赖以安身立命的心灵归宿和精神家园。而城市中矗立的一幢幢形状不同、风格迥异的现代化楼宇，是承载城市文化的重要载体。越来越多的城市主政者意识到，在未来的城市发展中，文化越来越成为不可或缺的动力和底气，它是一座城市的软实力，也是一座城市始终保有旺盛精气神的根基之所在。因此，重塑楼宇经济品牌成为许多城市弘扬城市文化的一种路径和手段。

（一）品牌在人文服务中得以重塑

广州天河中央商务区通过开展政府购买事务、服务工作，为辖区内的重点

楼宇企业提供专业化的入驻咨询与日常运作支持服务。2017年以来，共帮助59家重点企业完成落户手续，累计引入注册资本23亿元，较好地促进了CBD的营商服务环境。长沙岳麓区启动“一联二帮三到位”的服务模式，安排“六位一体”专门人员联系楼宇，帮助楼宇招企业、帮助企业解难题，走访沟通到位、贴心服务到位、政策扶植到位。全年累计开展活动32次，收集各类问题268个，走访企业近1200家。嘉兴南湖新区开展“六个一”配套工程，为辖区内商务楼宇集中区域引入服务精良的物业公司、白领就餐点、生活购物超市、银行网点、快递专柜、信息发布平台。以实践“最多跑一次”改革为牵引，在南湖CBD内的世界贸易中心、南湖环球金融中心设立楼宇社区服务中心示范点，为企业提供经济服务、民生保障、城市管理、综合治理、党群建设“五进楼宇”综合性服务。嘉兴秀洲区实施“一幢楼宇、三级楼长、一支管理服务队伍”的“楼长制”管理制度，为楼宇开发商和入驻企业提供“一站式、保姆式、全过程”服务，对于区级重点楼宇，明确区级楼长、部门执行楼长和属地楼长。广州越秀区着力在广东国际大厦打造“留学港”品牌，推动制定《留学机构服务公约》，集聚一批驻穗领馆、留学机构、签证公司、专业银行、航空公司，为广大准留学生提供留学咨询、学校申请、签证办理、金融服务、交通往返等“一站式”全流程服务。港口中心依托广州港务局和广州港集团，集聚港航企业，助力广州国际航运中心。南方传媒大厦依托南方报业传媒集团，集聚知识产权企业，建设广州传媒文化中心。西安碑林区围绕“楼宇招商+土地招商”发展主线，依托楼宇服务中心，大力推广“一企一卡”“一楼一册”“一街（街办）一库（信息库）”的“三个一”动态管理模式，对全区103幢楼宇、5000多家入驻企业进行系统摸排，建档立卡，全面提升楼宇企业入住率、工商注册率、税收贡献率及企业满意率。武汉武昌区针对“亿元楼宇”区域集中的特点，畅通信息渠道，及时掌握纳税人的经营变化情况，积极探索更为有效的楼宇经济征管模式，开辟税收服务新途径，做到“在服务中增进了解，在了解中完善服务”，有效促进税收工作健康发展。2017年新时代商务中心、中南电力设计院大厦分别实现税收15000元、10046万元。邢台桥东区建立“区政府（楼宇办）—乡镇办—楼宇运营主体”三级管理运营模式，实行重点楼宇辖区分包机制，每幢楼宇由乡镇办主要领导负责，并明确一名楼宇专员，联合企业成立楼宇管理委员会，为入驻企业提供“全方位、精细化、一站式”服务。洛阳西工区加大对建业凯旋商务楼宇软、硬件设施的完善与提升，在大厅内设立咨询台和客服人员，为客户提供服务咨询、报修、投诉处理、信报收发、免费借伞等服务。根据楼宇入驻、迁出情况更新企业楼层指示牌；将楼宇信息平台后台系统与物业公司电脑联网，并对工作人员进行操作培训，由物业工作人员第一时间更新信息平台，实现了楼宇数据终端管理。成都温江区组织德昆新天地、珠江国际中心等楼宇企业到政务中心跟班学习相关的证照办理流程，以便更好地为入驻企业提供一站式的政务服务，帮助入驻企业及时解决选址落户、注册登记、开业准备等事项。南昌西湖区量身制定《商务楼宇“楼长制”管理工作实施方案》，将全区73幢商务楼宇分别安排31位区级领导挂点，实行“每月一调度、每周一拜访、每日一走访”制度。杭州江干区积极整合全区楼宇资源，以钱江新城、庆春商圈、城东新城、钱塘智慧城和智慧小镇的楼宇为重点，重点包装了54幢楼宇统一对外招商，收到了良好效果。

（二）品牌在人文情怀中得以重塑

上海静安区的首个大型综合项目上海嘉里中心以安义路为中心的开放式广场，是静安嘉里中心为城市文化生活预留的充足空间，极具历史价值的毛主席故居，更汇聚众多文化艺术活动盛事，安坐于静安核心，惬意品味都会优雅，感悟人文情怀，成为上海当地及周边地市的热衷时尚、追寻高品位生活的时尚达人、摩登家庭、商旅人士的聚会首选之地。广州越秀区的珠江国际大厦引入“楼小二”访客系统，实现刷二维码自助进出，并为楼宇内入驻企业提供商务订票、订水、订会议室、传真、办公用品一站采购等“智能管家”式商务服务。洛阳西工区积极引导第三方平台共同整合商务楼宇资源，由第三方企业从楼宇物业和小业主手中租下闲置面积，逐步租下整幢商务楼宇进行统一招商，以此达到统一企业品质、整合闲置资源的目的。2017 年收储商务楼宇闲置面积近 4000 平方米，累计收储近 3 万平方米。武汉武昌区以婚庆消费与服务为主题着力打造特色商务大厦——他她喜事广场，已引进柏菲婚礼策划工作室、男婚女嫁婚礼策划公司等 40 余家企业入驻，婚庆型企业入住率达 35%。长沙岳麓区深入中盈广场、王府井、绿地广场、缤纷奥克斯等特色楼宇，开展“特色服务暨人才政策宣讲进楼宇”主题活动 8 场，参与人数 1600 人。嘉兴秀洲区针对列入嘉兴市“提升一批”的 7 幢楼宇成立由工商、税务、派出所、物业、街道社区等组成的楼宇经济协调服务委员会，对楼宇经济进行专项服务管理。同时运用市场配置力，通过市场自身的力量，对不符合自身定位的企业进行置换和交流，走特色化、专业化发展道路。淮北相山区积极构建楼宇经济工作“一联二帮三到位”服务体系，结合“四送一服”“三个一百”精准帮联企业活动，重点联系和精心培育 16 幢精品楼宇。镇街成立楼宇经济推进组织，建立“楼长制”及镇街、楼宇业主、入驻企业、物业公司四方联席会议制度，实施“扫楼”行动，盘活存量资源，掌握楼宇运营管理、企业流转等情况，实现楼宇经济协作招商、信息互动、资源共享、共赢发展。西安碑林区建立楼宇招商项目“一企一专班”制度，每个专班每周召开一次项目推进会，及时研究解决招商项目推进中的突出问题，推动项目转化、注册审批、建设推进、竣工投产过程中难点问题实现清零见底。17 个特色服务专班成立以来，共为楼宇企业主和意向企业解决实际问题 300 余个，促成了 68 个招商项目落地，MFG、宽创国际、北京华联 SKP、盒马鲜生等一大批名企先后入驻碑林楼宇。

（三）品牌在人文融合中得以重塑

上海徐汇区积极探索商业文化融合新模式，重点打造“徐家汇知识文化综合商务区”，将老徐汇剧场所在地美罗城 5 楼改造成拥有 800 个座位的“星剧场”作为赖声川在大陆演出的主场。南京鼓楼区将民国历史文化街区为中心的山西路商圈作为现代化综合性商贸商务中心，依托民国建筑群、文化艺术中心及诸多高校重点发展旅游文化产业，为其周边33幢、近80万平方米的楼宇增添了浓厚的人文历史气息。天津河西区依托沿江岸线和幕燕风貌区，以文化旅游为特色，展现滨江风貌、旅游休闲、文化创意新亮点，成为依山临江特色鲜明、新兴产业活力彰显、生活宜居配套齐全的城市新空间。南昌东湖区把壮大文化产业作为发展现代服务业的重点，推动樟树林文化生活公园提升品位，新引进美壹天创意生活馆、创意酒吧一条街，培育福州路时尚娱乐街区，策划启动全省最具特色的异域风情街区——紫金城欧洲风情文化街区和全省首个“慢生活”主题文化街区——环湖休闲文化街区建设。武汉硚口区依托汉正街传统商贸业发达的优势，不改变工业用地性质，不拆除老厂房，对原武汉老铜材厂破旧厂房进行巧妙改造建设武汉新工厂电子商务产业园，既保持了原建筑特色、凸显了工业记忆，又以发展电子商务推动了汉正街的再次转型。成都温江区在华中金融主轴、滨江沿线一带设置楼宇城市雕塑、楼宇指示牌等城市景观带，为来汉投资企业提供全方位宣传。鼓励楼宇企业按照“一楼一品”，突出楼宇发展特色，做到一幢楼宇一个特色、一个楼层一个主题，融招商文化、楼宇文化、特色文化融为一体。嘉兴嘉善县以承接上海产业溢出为重点，依托上海静安区各地投资企业联合会、上海浙江商会、上海南西商会、普陀区上海天地软件园等合作交流平台，充分发挥驻点招商、以商引商等招商模式优势，全力打造上海人才创业园，启用人才创业服务中心，使更多的上海优秀人才来嘉善创业创新。广州天河中央商务区注重特色楼宇培育，在招商引资选址上对相近行业的企业进行引导集聚，形成了合景国际金融广场、广州国际金融中心、广东全球通大厦、联通新时空广场、中信广场、越秀金融大厦等金融、通信、现代服务业等品牌特色楼宇，独特的品牌特色使楼宇经济发展地位和影响力得到了进一步提升。西安碑林区通过深入开展行政效能革命，推进“最多跑一次”改革，加快建立统一高效的招商协调服务体系，对重要企业和客商实行“一企一专班”，提供“五星级、店小二”服务。出台各类扶持奖励政策，吸引优质企业来碑林投资，处处打造企业投资的“绿色通道”。全年新引进大企业8家。

楼宇经济发展到了下一个“风口”

党的十九大报告指出，我国经济已由高速增长阶段转向高质量发展阶段，正处在转变发展方式、优化经济结构、转换增长动力的攻关期。虽然经济效益是未来发展的主要导向，但经济增长应该是速度、质量和效益的统一。未来在保持经济中高速增长的同时，将会更加注重提高经济增长的质量和效益。因此，可以乐观地预测，楼宇经济发展将会随着中国经济的高质量发展，进入下一个“风口”。

第一，社会发展进入“三大时代”。

工业化创造供给，城市化创造需求。随着城市化的快速推进，引发了大规模的投资需求、更多的消费需求和服务产业的大发展，从而推动社会发展进入了“三大时代”：**一是“消费时代”**。这是基于消费者越来越个性化而做出的判断，因而企业界就有了“没有最好的产品，只有最适合消费者的产品”的说法。被誉为日本“消费社会研究第一人”的三浦展在他所著的《第四消费时代》中，将1912年起的日本社会的发展分为“四个消费时代”。第一消费时代，是少数中产阶级享受的消费；第二消费时代，是势如破竹的以家庭为中心的消费；第三消费时代，是风生水起的消费个人化趋势；第四消费时代，是重视“共享”的社会。在三浦展看来，进入第四消费时代的日本社会，人们关心的不再是消费什么，而是和谁一起消费。他认为，“购物使人幸福的时代，已经结束了”，真正能带来幸福的不是物质，而是“联系”——人和自我、他人、社会、自然的联系。如果对照三浦展提出的四个消费阶段，那中国人应该还处在“第二消费时代”向“第三消费时代”的过渡时期。但近年来，随着我国模仿型排浪式消费阶段的基本结束，个性化、多样化消费渐成主流，以服务消费、信息消费、时尚消费为代表的新消费快速发展。在消费规模快速扩张的同时，消费升级步伐加快，消费层次正由温饱型向全面小康型转变。有关资料显示，2014—2016年，我国最终消费支出对经济增长的贡献率分别为48.8%、59.7%和64.6%，比投资贡献率分别高出1.9个、18.1个和22.4个百分点。**二是“非标时代”**。“非标时代”的到来源自人类内在需求的变化，某种程度上是一种个性化追求，是人类在满足基本的物质（生存）需求之后追求更高一级（生活）需求的体现。回顾以往的学习、工作、生活就会发现，许多东西都是标准化的：学习上，学同样的课本、考同样的试卷、以同样的标准被录取、标准化的大学学习，最终都基本出自一个“模子”。消费上，工厂里生产什么，商店里才有什么；商店里有什么，消费者才能买什么。我们学的和做的都是为了满足标准，哪怕我们花钱去买一项服务，你也发现不是服务在满足我们的需求，而是我们要达到某种服务的标准，成为一个标准化的人群，你才能获得服务。标准化的东西在工业化时代是降低成本、提高效率的手段，它是互联网技术没有发展之前最有效的方式，但工业化时代无法满足个性化诉求。随着技术的进步，互联网使信息不对称问题得到了极大的改观，有更多的东西可以以个性化的方式而存在。留意观察一下你就会发现，大街上“撞衫”的少了，“奇装异服”的多了。可见，当今时代已不再是“工厂里生产什么，商场里才有什么”“商场里有什么，消费者才能买什么”的时代了，而是追求“我需要什么你就能卖什么”“我想要什么你就能给我生产什么”的“众包设计”“私人定制”，而在这个个性化设计、订单式生产的时代，人人都是设计师，个个都崇尚个性化，人们已不再受制于统一的标准，而是崇尚“以特为美”“以稀为贵”。正是这种追求个性、品质、体验、时尚的“非标时代”的到来，个性化的东西、创造性的东西获得了更多的空间，改变了每个人的标准化角色，实现了创造者、消费者、生产者的多种角色重合、转换，促进了创新的迭代和聚变。这也一定程度上迫使我们需要思考“是不是事物都要按统一的模式发展”“是不是什么东西都要制定一个统一标准”的问题。精神层次多元化主导的个性诉求，是穿衣追求个人风格，装修追求自我设计，无法再服从于别人创造的生活方式。以前人们喜欢住星级酒店，但这些年没有星级标准却很个性的民宿却十分火爆，这种现象代表的就是一种趋势。市场的终极使命是实现最优的匹配，让我们用最低的成本找到最好的匹配对家，没有必要把自己变成同一个模子、变得非常标准化。在这样的时代，你会发现，你的个性、你的创造、你的公司、你的产品越非标准化、越迎合顾客的需求，就越可能以差异化竞争的优势获得更好的市场。**三是“品牌时代”**。按照国际惯例，当人均 GDP 超过 3000 美元时，居民消费升级将成为常态。有关资料显示，人均 GDP 达到 2000 美元后，人们的品牌意识会加强；达到 3000 美元，品牌消费将成为主流。中国人均 GDP 在 2011 年就超过了 5000 美元。人们的消费会随着收入的提高，逐渐由追求数量和质量过渡到追求品位和风格，从数量、质量购买阶段过渡到品牌购买阶段，开始进入品牌消费时代。从现实情况看，新消费主力群体中的 80 后、90 后从小就生活在一个物质相对富裕的时代，又是独生子女，自信、自我、自由的个性以及追求内心满足、强调自我、张扬个性的感性消费习惯，使得这一消费族群的消费需求日趋差异化、个性化、多样化，导致他们对产品“情感满足”的重视程度远胜过产品的“功能价值”。这种不完全聚焦于产品的功能价值，却更多聚焦于产品虚拟价值的消费观，就是真正的品牌消费。

第二，城市发展显露“三大软肋”。

多年来，虽然各地在城镇化发展、城市建设方面取得了突飞猛进的发展，但“拆老城、建新城”、开发区新区建设一哄而起现象也屡见不鲜，“重建设、轻管理”给未来的城市发展埋下了“定时炸弹”，城市发展的软肋随着城市化的推进逐渐显露。**一是“顶层设计”的缺憾**。对于一个城市而言，楼宇不是越高越好，也不是越多越好。这些年之所以各地都在发展楼宇经济，就是前些年的楼宇建得太多，有些已经远远超出了城市的最大“负荷”。楼宇经济发展不是要建造高楼大厦，更不是鼓励建设“摩天大楼”，而是要在已建成的大楼中如何引入产业以消化现有的库存，从而更好地发挥效益。因此，楼宇经济发展涉及产业、管理、运营、服务、配套等一系列问题。若不做好“顶层设计”或设计留有缺陷，整个“利益链”就容易出现紊乱。**二是“精细管理”的缺乏。**现代化城市要有现代管理手段，也要有现代的管理策略。当前，许多城市采用大数据、物联网、网格化、二维码、卫星技术进行精细化管理，提高科技在城市管理中的贡献率，这也是一种智慧城市的理念。但“精细化”管理最终要落实到“以人为本”上，要准确把握人的需求、把握人们对美好生活的向往。因此，基础设施的配套要兼顾需求侧和供给侧的平衡，要让城市为人服务，而不是人为城市服务。遗憾的是，许多城市在这方面存在主客体错位、本末倒置现象。**三是“历史文脉”的缺失。**一座城市就是一幢放大了的建筑，而建筑承载了一座城市文明的历史。在城镇化推进过程中，许多城市在“重新城、轻老城”“拆真古迹、建假古董”中抹去了自己的历史文化，在照搬照抄中缺失了自己的特色风貌，在贪大、媚洋、求怪的风气中相互攀比的现象比比皆是。正是对城市历史文化的“不知不觉”，才有了一哄而上的“造城运动”，留下了“千城一面”的尴尬；正是对城市建设规律的“无知无畏”，才有了对传统的肆意破坏，做出割断历史文脉的糗事；正是对城市文化保护价值的“后知后觉”，才有了老建筑拆掉又复建的反转。如何让情感记忆穿越历史，成为城市的魂？如何让今天的城市风貌，给岁月以文明？应该引起城市建设者们深深的思考。

第三，楼宇发展面临“三大变量”。

楼宇经济的发展关键是楼宇载体里承载的产业以及促进产业发展的人。互联网的发展和新技术的应用正在越来越快、越来越多地改变着人们的生活方式、消费方式、消费习惯和企业的生产方式、销售方式、办公模式，从而也影响着承载产业的楼宇，使得楼宇经济发展面临新的“变量”。**变量一：新的**

生活模式。近年来，我国消费需求结构不断升级，80后、90后、00后逐步成为消费的主力军，而这些主力军又恰恰是网购消费、信用消费的主力军，他们的消费偏好已从上辈们关注的价格转向关注品种、品质、品牌，消费目的越来越追求吃出健康、穿出时尚、用出品位，消费方式则更多希望能够实现随时、随地、随心。这些消费偏好、消费方式、消费行为的变化，直接颠覆了原先在某一固定时间、固定场所进行商业消费的购物习惯，商业地产正面临购物习惯转变所带来的冲击。**变量二：新的销售模式**。从线上到线下、从线下到线上的销售模式，打破了销售时间的限制和营销空间的边界，也打破了客户群被动购买的单一模式，一定程度上重塑了供应渠道、供应链模式、厂商关系、买卖关系、地域关系等游戏规则，从而迫使商家更多地突出产品的展示功能、体验功能、共享功能，实现线下体验和线上交易的无缝链接。**变量三：新的办公模式**。“互联网+”突破了传统场地办公“8小时坐班制”的办公模式，许多企业只需短期租用、临时租用甚至无须租用办公室，就可以实现企业的正常运营，从而促成了租期灵活、租金更低、个性定制、服务完善的“联合办公”“商务办公钟点房”“虚拟办公室”的诞生。

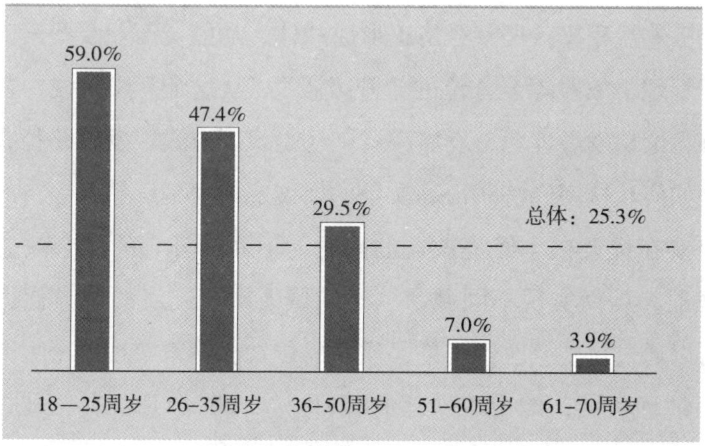

图1：不同年龄受访者选择移动端网络支付的比例

数据来源：国家统计局上海调查总队。

楼宇经济的下一个“风口”该怎么看？

地产界流传着这样一句口号：谁拥有了城市综合体，谁就拥有了城市的未来！在楼宇经济10多年发展历程涌现出的许许多多“样本”中，储存着诸多不断被刷新的“战绩”。但不可忽视的是，“光环”背后暗藏的“天花板”现象隐隐出现：经济发展正处于动力转换的关键时期，区域高端化竞争更加激烈，前期支撑经济快速增长的先发优势正在减弱，土地开发利用已近极限，环境资源瓶颈日益趋紧，城市规模效应已达“临界值”……诸多困难和严峻挑战，容不得许多拥有冠军光环的城区“挂靴休战”，而是不得不居安思危，寻找新引擎，开辟新局面。

中共“十九大”报告首次提出“质量第一”“质量变革”“质量强国”“质量优势”等重要论断。质量被赋予了前所未有的高度、深度和广度。可见，质量对于一个国家、一个区域、一个企业、一幢楼宇的重要性。自2005年楼宇经济在一线城市和部分副省级城市、省会城市的“星星点火”，到2015年一二线和部分三线城市、地级市甚至发达县城的“燎原之势”，这10年也是楼宇经济发展从“1.0时代”步入“2.0时代”的10年。与“1.0时代”单纯追求楼宇的经济效益相比，楼宇经济正形成载体、功能、产业、要素、空间、模式、物业、管理、效益等全方位的“升级版”。从这个意义上说，“2.0时代”的楼宇经济无论从发展理念、发展模式，还是发展方式、发展路径，都发生了巨大变化。如何让楼宇经济获得高质量的发展？如何延续楼宇经济的辉煌？当务之急，是要在提升楼宇经济效益的同时，不断提升它的社会效益、人文效益、生态效益，从而实现不同城市、不同城区楼宇经济的差异化、特色化发展，而这可以通过重塑楼宇经济的品质、品位、品牌来实现。

风口，地理名词，即山岭顶部的凹口。宋代苏舜元曾有“日腹昏盲怅，风口鸣呜咿”的诗句，“风口”一词是否源于此诗已无从考证。前段时间有句很有意思的“流行语”，叫“风口站对了，猪也可以飞起来”。毫无疑问，处于风口之上、潮流之巅，更容易拥有借势的能力，让在风口中出现的各种技术、工具、方法成为推动发展的动力。可以说，高质量发展新时代就是楼宇经济的下一个“风口”。那谁会是下一只飞起来的“猪”？该如何拥抱下一个“风口”？这个问题虽然回答起来有些吃力，但可以肯定地说，站在楼宇经济下一个“风口”的不再会是“建楼卖楼”的地产商，也不再会是“赚取差价”的“二房东”，而是“城市设计”理念下楼宇品质、品位、品牌的塑造者。毫无疑问，品质、品位、品牌将成为新时代的鲜明坐标。

一、个性、绿色、时尚展现着楼宇经济的“三大品质”

纵观国内城市的发展历程，现状中的大多数城市都是按照工业化模式建设的，人口密度大、设施功能集中、运行机能脆弱，而未来的城市应该是生产、生活、生态兼具的宜居之城，这就要求城市发展由做大转向做精、由扩容转向提质，从而提升城市宜居品质、服务功能和综合竞争力。高质量的产品是品牌在市场上形成高知名度、高美誉度、高市场占有率的内在基础条件。唯物辩证法告诉我们，量变积累到一定程度必然引起质变。如果失去了高质量，就会失去人们对产品的态度。因此，要牢固树立全面、全程、全员的质量观，把高质量发展固化为质量意识、内化为质量自觉、转化为质量行动，真正让“质量第一”成为全体“楼宇人”的共识。

楼宇的品质体现在“个性”上。一幢幢矗立的楼宇，无论从外观的色彩、造型、风格，还是内部的装饰、色调、布局，在创造更多城市美丽的同时，又无不代表着一个时代的文化价值、体现着一个城市的文化内涵。北方城市与南方城市、省会城市与非省会城市、大城市与小城市、古老城市与新生城市，其楼宇的色彩、造型、风格、高度是大不相同的，这都与城市的文化底蕴密切相关。然而，也正是这些的不同，才成就了不同城市、不同楼宇的个性特色。很显然，在“非标化”时代，楼宇的建设、管理、运营不能用同一个标准、同一种眼光、同一个模子去看待和评判。况且，对楼宇的建设，住房和城乡建设部已有建设标准；对楼宇的管理，住房和城乡建设部也有物业管理标准。有些机构热衷搞什么“楼宇等级评定”，其实是一种没有多少实际意义的“噱头”，“虚”的成分远远大于“实”的成分。

楼宇的品质体现在“绿色”上。绿色发展理念是推动实现城市生产、生活、生态功能动态平衡的重要理念，目的在于提升绿色经济在城市经济中的比重，把绿色发展融入城市生产空间，将山、水、林、田、湖、草作为城市生命体的有机组成部分，融入生活空间，让人们望得见山、看得见水、记得住乡愁。对于楼宇经济而言，是要注重楼宇生态环境的营造和绿色建筑的发展。“绿色建筑”的“绿色”并不是指一般意义上的立体绿化、屋顶花园，而是将绿色理念贯穿于建筑，把绿色生命赋予建筑。这就要求在建造设计楼盘时，不能单一考虑最大限度可以修建多少房子，而要优先考虑地块生态情况，合理营造绿色景观，使景观和生态相协调。通过合理设计，让更多空气与阳光进来，在为居住者提供优美环境的同时，又能节能减排，实现资源、能源的最大化利用，提升城市的经济、社会效益。

楼宇的品质体现在“时尚”上。在产业的坐标上，时尚以其锐利的视觉穿透力和现代产业基因，占据着一个灼灼其华的维度。同时，时尚又是一种生活方式。意大利时装品牌设计师 De Gennaro（德·杰纳罗）提出“时尚，其实是一种修行”的品牌文化理念。时尚文学家梅尔希在其随笔《巴黎风情》中描述“巴黎是一座无与伦比的城市”“生于巴黎就等于作了两回法国人”“巴黎人不是指生于巴黎的人，而是指生活在巴黎”。这是对包括巴黎在内的许多时尚城市的最好阐释。穿行在大大小小的城市中间，特色迥异的地标楼宇、纵横交错的特色街区、随处可见的休闲场所，自然禀赋中浸透着闲适文化、古老文化中飘逸着现代气息。可以说，楼宇经济所集聚的高端产业、高素质人才、高品质服务，展现给人们的不仅是一种品牌、一种氛围，更是一种潮流、一种时尚。这种时尚、潮流正培育、衍生着上下游产业链，引领着人们的消费观念、创造着品牌效应，着力塑造着“时尚城市”。

二、设计、管理、体验凸显着楼宇经济的“三大品位”

品位是文化的外在表达，是一个人、一个物、一个企业的最终对外形态。作为一种产品所能够赋予人们精神层面的给养，是这个产品的品位决定的。有人说，一座城市就像一个生命体，景观面貌是它的“形”，功能内涵是它的“神”，只有内外兼修、形神兼备，才会“让人来了不想走，走了还想来”。当楼宇有了品质的时候，它的品位就自然而然地得以凸显，就像一个人的气质一样，总会不由自主、由内而外的表现出来。

品位源于“前瞻性”的“顶层设计”。中共中央经济工作会议提出，要加强城市设计，提高城市设计水平，通过城市设计解决城市中存在的具体问题，实现对城市格局、风貌和空间的精细化管理。中国古代城市的建筑、街道、广场、影壁、牌坊、寺塔、亭台等，在空间布局、视线对景、体型比例等方面都经过精心的设计，从而构成各具特色的城市空间环境。现代城市的出现，带来了城市功能的多样化和复杂化，促使城市设计的指导思想和设计方法发生重大变化，城市设计关注的内容和对象也在发生变化，从聚焦地块内部的建筑形式组合转向聚焦城市公共领域的物质空间。而城市中的路面空间划分、地块内公共通道、街边广场绿地、沿街建筑功能、沿街建筑高度等每一个要素，都与现代楼宇密切相关。因此，现代城市的城市设计，必须在内容、规模、技术水平以至形式、风格的丰富多彩等方面，以前所未有的标准进行。

品位源于“精细化”的资产管理。房地产行业有句业内语，叫“三分建设，七分管理”。对于现代楼宇而言，其品质包括楼宇前期建设的品质和楼宇后期管理的品质。决定一幢楼宇或一个楼宇集群品质的，往往不是初期的建设水平，而很大程度上取决于后期的运营、管理水平。细节决定成败，管理如同绣花。俗话说“绣花要得手绵巧，方寸乾坤看针法”。楼宇经济品位的取得需要“工匠精神”“绣花精神”。“草针柳线藏真巧，莫作寻常倚市看”。楼宇的精细化管理必须在细微处见功夫、见质量、见情怀，这远比多建几幢楼宇来得重要。当前，中国的城市化已进入下半场，城市治理应从数量扩张、外围建设转向精细化、精准化管理。当然，楼宇的精细化管理不可能一蹴而就，需要从理念转变开始，需要改变管理者的“手势”，需要有问题意识，善于自我“找茬”，做好“精准”文章。

品位源于“一站式”的客户体验。著名的美国未来学家阿尔文·托夫勒在其名著《未来的冲击》中指出，“未来经济将是一种体验经济，未来的生产者将是制造体验的人，体验制造商将成为经济的基本支柱之一”。美国经济学家约瑟夫·派恩和詹姆斯·吉尔摩在《体验经济》一书中认为，“人们正迈向体验经济时代，体验经济将取代服务经济”。如果说工业经济时代的消费行为强调效率，服务经济时代的消费行为重视服务，那么体验经济时代的消费行为则追求情境。正因为人们对生活关注的重点已从简单的生理满足转向追求情感价值，才使得如何最大限度地挖掘感情的愉悦成为创造新生活模式的关键。因此，让商业聚集形式因空间、业态、比例、规模、审美的不同，形成商业、商务、旅游、文化功能联动的情景式、主题式、个性化消费新模式，满足消费者“一站式”购物和体验需求就显得十分必要。

三、温度、文化、服务塑造着楼宇经济的“三大品牌”

品牌是国家竞争力的综合体现，是经济发展的引擎、企业文化的灵魂、供给结构和需求结构升级的重要方向。纵观大国崛起，无一不伴随着品牌崛起，从制造大国走向品牌大国。衡量区域经济的好坏取决于它有多少全国性品牌，衡量一个国家经济的好坏取决于它有多少世界性品牌。中国制造的工业产品中，有 220 多种产品的产量排名世界第一，但全球 100 个最有价值的品牌中，中国品牌却寥寥无几。

有人说，品牌就是商标；有人说，品牌就是名牌；有人说，品牌就是印象；有人说，品牌就是信任；也有人说，品牌是一种承诺。这些回答都是“只见树木不见森林”。品牌到底是什么？从表面上看，品牌是指代某种产品的名称、标志和注册商标，而从更深层次来看，品牌实际上反映出消费者对产品和厂商的判断、认可和评价。产品是消费者购买并期望带来实际功用的物质载体，品牌则能契合消费者购买时心理上需要的放心、依赖、愉悦和满足感。品牌不仅是企业或产品标志，更是宝贵的无形资产，能强化企业在市场和行业中的地位，从而为企业创造更加良好的经营效益。

品牌是历史的产物，也是市场的产物。而产品要成为品牌不是一个自然、简单的过程。衡量品牌确立的标准是市场，检验品牌价值大小的标准也是市场。福布斯最新公布的“2017 全球品牌价值榜”显示，苹果以 1700 亿美元登顶，连续 7 年夺冠。而中国就缺少这样的高端品牌。大量的事实告诉我们，在全球化竞争中，我们不应该只卖功能型、资源型产品，而应该卖技术、卖创新、卖文化、卖附加值，而这些都可以通过品牌去实现。这就是为什么乔布斯不在了，苹果的表现依然很强劲的原因。随着市场竞争的日益激烈、管理的日趋规范，楼宇经济要想获得持续发展，必须走品牌战略之路。也正因为此，在每年召开的“中国楼宇经济峰会”上，都会命名表彰一批品牌楼宇、品牌产业园区、品牌物业管理企业。

品牌是一种“温度”。品牌意味着在质量、功能等方面与其他产品的差异性，在当今产品过剩时代，品牌越来越多地成为使企业避免同质化竞争的“最后一道屏障”，也越来越多地对消费者识别、判断、选择产品发挥重要作用。当下，在各地都靠低门槛政策招商引资的大环境下，楼宇到底能产生多大的效益，一定程度上靠楼宇品牌作用的发挥。“品牌”不等于“名牌”，也不等于“大牌”，但“品牌”也绝不仅仅是个“牌子”。可惜的是，许多企业家脑海里多是产品思维，却鲜有品牌思维，导致许多企业的产品只是有“牌子”而不是有“品牌”。要使自己的产品在激烈的市场竞争中拥有一席之地，就必须有“品牌思维”。品牌不只是一个牌子，但品牌并非都要是名牌。对于楼宇而言，品牌是一种“温度”，这种“温度”是在楼宇中创业、在茶室里休闲、在特色街区逛悠的人们，通过人与人的直面交流所形成的体验、互动、共享。正是一个个不断涌现的创作灵感、一朵朵不断迸发思想火花形成的“品位休闲”与“活力创业”的互动发展，使得“冷”楼宇“热”起来。

品牌是一种“文化”。“一年企业靠产品，十年企业靠经营，百年企业靠文化”。从某种角度看，品牌就是文化的一种体现，而独特的文化所形成的特色其实就是一种品牌。对于企业如此，对于城市也是如此。城市是人类活动的容器，也是不同文化的载体，不应该只是钢筋、混凝土的堆砌物。城市文化应该体现在建筑所呈现的城市景观上，以及城市景观所呈现的文脉里。正如美国建筑师伊利尔·沙里宁所言，文化代表了一座城市的价值追求和走向未来的理想。一个城市的特色犹如一个人的个性，一座没有特色的城市就像一个没有个性的人一样，不可能有独特的魅力。楼宇经济发展之所以强调楼宇的人文效益，就是为了避免城市风貌特色的塑造成为“被遗忘的角落”，从而使独具特色的城市文化被单调的新建筑群所淹没，成为同一条流水线上生产出来的“样板工程”。

品牌是一种“服务”。著名营销学家菲利普·科特勒给了品牌这样的定义：品牌是一种名称、术语、标记、符号或图案，或是他们的相互组合，用以识别企业提供给某群消费者的产品或服务，并使之与竞争对手的产品或服务相区别。因此，从这个角度说，品牌又是一种服务。卓越的服务意识、优质的服务产品、高超的服务方式是优质服务必备的“三要素”。根据联合国的有关界定，当人均 GDP 超过 8000 美元时，消费需求会更多地从商品层面转到服务层面，服务消费额将逐渐超过商品消费额。在交通日益发达、市区日益拥堵的今天，距离已不是企业选择办公场所要考虑的首要问题。人们宁愿在郊区开车一小时，却不愿在市区堵上一小时。因此，许多企业选择办公场地不再“唯市区中心地段马首是瞻”，而是更加看重楼宇周边的环境、生态和楼宇中的服务。这种趋势下，企业向客户提供的附加服务越完备，产品的附加价值越大；反之，则越小。国际权威机构的一组数据显示：对客户服务不好，会造成94%的客户流失；没有解决客户的问题，会造成89%的客户流失；每个不满意的客户，平均会向9个亲友叙述其不愉快的经历；自不满意的用户中，有67%的用户要投诉；较好地解决用户投诉，可挽回75%的客户；完美地解决用户投诉，将有95%的客户还会继续接受服务；吸引一个新客户的费用，是保持一个老客户的6倍。可见，服务是产品面对同质化竞争的最优选择、最好广告和最大竞争力。

国内城市楼宇经济品质品位品牌特色及案例

海尔张瑞敏有句话叫“没有成功的企业，只有时代的企业”。商业从本质上是被它所在的时代定位的。楼宇也一样，总会或多或少地烙上了时代的印记。在楼宇经济发展过程中，许多城市以不同的形式和方法推进楼宇品质、品位、品牌的提升，涌现出了许多的典型案例。综合分析这些案例，可以看出楼宇经济的品质品位品牌发展总体上呈现“六大特色”：

特色一：时尚性

典型案例1：上海时尚性创意园区M50

作为新时代的一股创意力量，M50以“莫干山路50号”——目前苏州河畔保留最完整的民族纺织工业建筑遗存的姿态，走进人们的视野。M50莫干山路创意园，是上海最早的创意园之一，是上海最具影响力的艺术仓库群、文化创意产业基地，也是全国最具影响的园区之一。

M50的“东家”来自上海纺织集团、东方国际集团两家国企的“合二为一”。目前，它的旗下涵盖上海国际时尚中心、上海国际设计交流中心，M50、尚街Loft两个品牌，双创空间、五维婚庆等服务平台和上海纺织博物馆，覆盖管理13个时尚园区。这些园区曾是上海的“母亲工业”——纺织工业铸造辉煌之地，如今则孵化着国内时尚产业的一股股原创力量。

M50的前身是上海春明粗纺厂，20世纪90年代停产后历经从都市工业园区到春明艺术产业园的过渡。早在2001年时就有艺术家陆续入驻，2004年M50登上美国《时代》周刊封面，被评为上海必去的十大文化地标之一。2005年挂牌成为上海首批创意产业聚集区之一。

M50是上海最早的一批创意园区，如今已成为上海的时尚地标之一。M50不再局限于园区空间的艺术铺陈，正满载着对整个创意产业链的向往，用它无限的活力与激情绘制着多样的艺术面貌和服务平台，以“艺术、创意、生活”为核心价值，致力于打造文化创意产业的实体空间和服务平台。

M50品牌涵盖了创意园区和服务平台两大产品类别。品牌旗下的园区有M50艺术产业园、M50上海陶瓷文化产业园、M50西郊文化休闲园、M50半岛文化创意产业园、M50桃浦分园等，总建筑面积近25万平方米。品牌旗下服务平台有吾灵艺术设计网、Art in SH艺术导览地图、M50年度创意新锐评选、M50创意空间、M50影像制作工作室、M50漫生快活创意生活馆、M50艺术体验馆、M50设计联盟、M50创意设计孵化器、M50创意市集、吾灵小小画家坊、M50表演工作坊等。

M50的发展之路，正是文创产业从简单利用空间到有产业业态的集聚，从粗放型管理到有主题有特色的规划，从单一的厂房租赁到园区物业增值服务等一系列嬗变的过程。历经十几年，M50始终坚守着“原创本色”，坚持走品牌化道路。园区最大程度地集聚文创领域的领军企业和领军人才，包括亚洲艺术中心、新时线媒体艺术中心，艾可、玉衡、华府等世界一流画廊纷纷落户园区，同时聚集了丁乙、张恩利、薛松、严培明等一批知名艺术家工作室，孵化了木马设计、大略设计、嘉禾设计、朗标设计、华谊兄弟时尚等一批知名设计企业。

典型案例2：上海国际时尚中心

亚洲规模最大的时尚中心——上海国际时尚中心位于杨树浦路2866号，是原十七棉改建项目，占地12.08万平方米，建筑面积约13万平方米。这里不仅被定位成以时尚为核心立意，集创意、文化及现代服务经济于一体，跨界融合国际名品和各界休闲娱乐业态，引导时尚潮流，以建筑形态与人文环境促进文化交流，也在将平台打造成远东地区规模最大、时尚元素最为丰富、以纺织概念为主的时尚创意园区，并将成为杨浦区东外滩的又一时尚地标，与虹口区北外滩交相辉映，演绎繁华与璀璨。

原上海第十七棉纺织总厂厂址位于杨浦区东外滩板块的杨树浦路与黄浦江之间，东望黄浦江内唯一的封闭式内陆岛——复兴岛，西临上海最早的发电厂——杨浦发电厂，南依上海市的母亲河——黄浦江，北至蜜蜂毛衣厂原址，拥有得天独厚的地理优势。厂房屋顶采用整齐的锯齿形设计，传递出别具风味的建筑形态。

上海国际时尚中心项目，由曾设计上海大剧院的法国夏邦杰建筑设计机构担任概念设计。该项目是上海纺织控股集团公司以“科技与时尚”为发展理念、积极响应上海市政府大力发展现代服务业号召和对接世博会的要求，为契合市政府将上海打造成继美国纽约、英国伦敦、法国巴黎、意大利米兰和日本东京全球五大“国际时尚之都”之后的“第六时尚之都”的目标诉求，经与各方面专家沟通和市场调研，决定利用原十七棉厂房基地，将其打造成与国际时尚业界互动对接的地标性载体和营运承载基地。

该中心外墙为清水红砖，既保留了20世纪20年代老上海工业文明的历史年轮，又融入了当代时尚的审美元素。建成后的“上海国际时尚中心”，将同时具备时尚多功能秀场、时尚接待会所、时尚创意办公、时尚精品仓、时尚公寓酒店和时尚餐饮娱乐等六大功能区域。其中，1500平方米的多功能秀场可同时容纳800名观众观看时装秀，秀场后台可同时供300名模特、工作人员化妆候场，规模居亚洲之最。是上海乃至全国设施最完备、配套最齐全的专业秀场，也是世界顶级品牌发布的首选地，成为上海国际服装文化节、上海时装周的主场；世界五大“时尚之都”的代表机构将来此入驻。上海国际时尚中心已经逐渐成为人们接触时尚、了解时尚、感受与体验时尚的新天地。

特色二：参与式

典型案例 1：杭州来福士广场

杭州来福士位于杭州市政中心、金融商业中心、休闲中心钱江新城 CBD 核心区。项目总占地面积 40355 平方米，总建筑面积 385335 平方米，地面 59 层，地下 3 层，建筑总高度 249.9 米，地上、地下停车位 1900 多个。项目由 T1、T2 两座 60 层、高约 250 米的双子塔楼构成，广涵现代商务办公楼、来福士购物中心、希尔顿康莱德酒店、雅诗阁服务公寓、珍藏单位（天御）、精品公寓（天璟）六大业态的摩天垂直立体城市地标，24 小时跳动着不息的时尚节奏。

项目由著名设计师、荷兰 UNStudio 建筑师事务所首席建筑师 Ben van Berkel 担纲设计，整幢建筑完全参照美国绿色建筑委员会（USGBC）LEED 金奖标准设计，是浙江第一家按照 LEED 金奖标准设计建造的综合体项目。250 米高的两幢塔楼，旋转而上，设计理念源于钱塘潮，借涌潮现象的优美曲线，以现代美学的表现手法，展示出与周边环境相呼应的建筑形态，提供了 360 度全景景观，在低层区域可以面对整个 CBD 的文化轴线，在高层区域则可一览钱塘江。

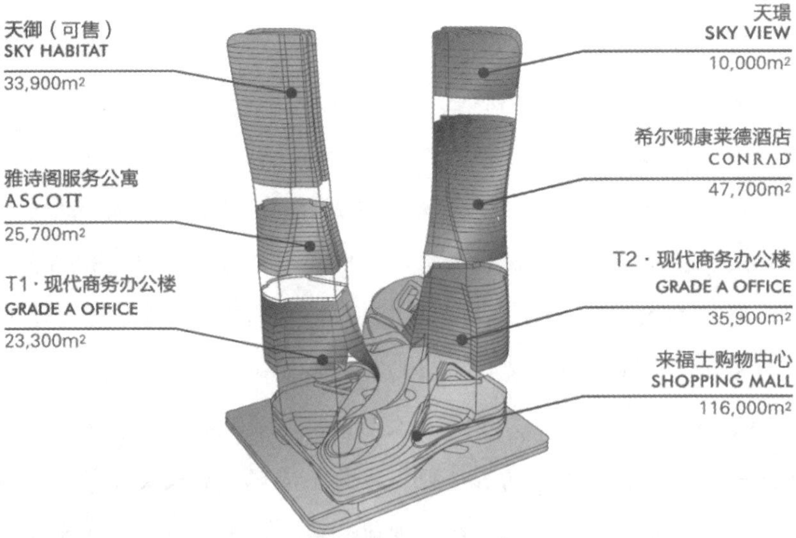

杭州来福士外立面不对称菠萝表皮设计，采用的超白玻璃和铝材覆盖，

使建筑在不同光线中时刻变幻观感。旋转的塔楼造成幕墙的每个单元板块都会有一点差异，13 个幕墙系统 15 万片幕墙里没有任何两片的大小形状是相同的。让建筑物如同一座晶莹剔透的艺术品。

曲线优美，流转夺目的杭州来福士拥有浙江首个整体应用 BIM 技术的超级工程、浙江首个完全按照 LEED 金标准进行设计建造的商业综合体两个浙江独有殊荣。设计建造完全按照 LEED 金标准，在建筑的全生命周期内，最大限度地节能、节水等，提供健康、适用和高效的使用空间，与大自然和谐共生的建筑。

典型案例 2：南京苏宁睿城

“SIC 苏宁睿城”，意即苏宁智慧城市（Suning Intelligent City）。是苏宁置业集团倾力打造的集住宅、高端商业、高端办公集群为一体的超大城市科技综合体，占地 1000 多亩，总建筑面积 230 万平方米，是国家级“南京国际服务外包产业园”综合项目的核心主体，南京市政府重点打造的“南京中央科技区（CID）”板块的标志性项目，也是迄今为止南京主城区建设规模最大的单个地产项目。

苏宁睿城位于南京重点打造的区域——河西 CBD 与鼓楼 CID 交汇处的新江东核心板块，也是南京的价值制高点，坐拥河西交通、商业、商务、休闲环境最成熟和最具综合性的中心，由精品住宅、高端商业、写字楼办公集群三大核心子项目组成。苏宁睿城科技办公项目总体量 70 万平方米，由一幢 300 米的顶级商办摩天地标、9 幢 150～200 米的现代化科技办公楼组成，项目由英国 RTKL 和美国 NBBJ 担纲设计。

苏宁睿城打造的是4.2米挑高5A甲级写字楼，硬件上全面刷新南京商务办公楼宇的诸多标准，写字楼大堂挑高11米，超大面积，空间感十足，在提升企业形象的同时，也让业主享受到精致的办公体验，为“世界500强”企业、集团战略合作企业、总部企业、大型本土企业提供空间、尺度、视野俱全的巅峰办公、商务平台。

为营建高效智慧的商务系统，苏宁睿城项目共打造地下3层约2000个停车位，完全可以满足园区日常超过万人的人流吞吐量；办公区独幢23部高、中、低分区电梯满足商业人士高效率办公需求；项目每两层的空中花园致力于打造内部立体景观系统，构造休闲与工作一体化灵动空间。项目独家配备的7辆接驳班车，在集庆门大街和睿城之间往返，从早7点到晚7点不间断运营，方便业主上下班出行。

苏宁睿城写字楼采用绿色生态技术：低碳节能建筑设计，呼吸式玻璃幕墙、空中连廊、中央智能控制系统、江水源热泵、新风系统、雨水回收系统等和楼宇自控系统、安全自动化系统、一卡通系统、停车场管理系统、通讯及办公自动化系统等国际办公系统，为入驻的优质企业提供高水准的办公便利。

自2014年全面运营以来，苏宁睿城不断拓展招商渠道、创优楼宇环境，打造国际化、高品质的高端楼宇氛围，强化工作效率和运营能力，提高招商效能和吸引力。积极利用政府招商平台、金洽会、创洽会等多种渠道进行楼宇招商，重点吸引一批大中型民营企业总部、跨国公司和国内大企业集团区域性总部、营销总部、研发总部入驻，形成特色鲜明、功能完善、结构合理的商务楼宇发展格局。目前，已入驻中国建筑、中国国电、大唐电力、中广核、神州数码、KPMG、宝钢气体、平安财险、中意人寿、民生保险等优质品牌企业超千家，办公人群近万人，基本形成了以电力、新能源、科技研发、金融等产业为龙头的主导产业链集群。

特色三：体验感

典型案例 1：广州天河中央商务区

天河 CBD 地处广州新城市中轴线与珠江黄金岸线的交汇处，由成熟完善的天河北商贸商务区、快速成型的珠江新城金融商务区和加快建设的广州国际金融城三部分组成，拥有 11 公里长的南向江景，规划总面积 20 平方公里，建成区 12 平方公里，甲级写字楼面积 1250 万平方米，是广州市国家中心城市功能的主要承载区和国际一流的中央商务区，也是华南地区城市化发展水平最高、综合配套设施最全、集聚辐射能力最强、国际影响力最大的世界级平台。

从天河北到珠江新城，天河区楼宇经济发展历经 20 余年。天河北是天河区楼宇经济发展的最早片区。随着天河路商圈与天河北商务区逐渐成形，天河北楼宇经济发展迈向成熟，中信广场、中石化大厦、市长大厦、中泰广场等大量甲级写字楼云集于此，天河城、正佳广场、太古汇、万菱汇等大型购物商场，众多金融保险机构、跨国公司总部、国内大型企业汇聚一堂。随着珠江新城的开发，天河区楼宇经济向南拓展。广州周大福金融中心、广州国际金融中心、高德置地广场、合景国际金融广场、富力中心大厦等高楼在珠江新城拔地而起，跨国公司与本土知名企业争相进驻珠江新城。

近年来，天河 CBD 出台多项措施，积极创新思路，加快楼宇管理服务升级，加大招商引资力度，加强优质产业培育，打造了一批税收超亿元楼宇，有力地促进了天河 CBD 楼宇经济的蓬勃发展。2017 年，天河 CBD 实现 GDP2991.22 亿元，增长 8.9%，占天河区的 69%，占广州市的 13.9%。目前，天河 CBD 内甲级写字楼 118 幢，平均楼高 40 层以上，总建筑面积约 1250 万平方米。其中纳税超 1 亿元的楼宇 51 幢，纳税超 10 亿元的楼宇 15 幢，汇聚了花旗银行、IBM、安联保险等 184 个世界 500 强企业项目，以及全市 70% 的中外资金融机构、以全球四大会计师事务所为代表的全市 1/3 的会计师事务所、以大成和广信君达为代表的全市 1/3 的律师事务所，楼宇经济发展势头强劲、经济效益良好，成为区域经济发展的重要支撑。

典型案例 2：深圳益田假日广场

2008 年 8 月 30 日，深圳首座体验式购物中心——益田假日广场开业。由五星级深圳益田威斯汀酒店、生态写字楼、国际购物中心作为三大引擎的益田假日广场，由益田集团投资 20 余亿元，采用国际设计、建设团队历时 6 年倾力打造而成。

益田假日广场位于深圳华侨城核心，紧临城市主干道——深南大道，东临威尼斯酒店、南倚中国著名主题公园世界之窗、北靠欢乐谷、西望两大高尔夫球场，坐拥地铁 1 号线、2 号线。广场总建筑面积 13.58 万平方米，其中商业面积近 8 万平方米，300 多米长沿街面，并巧妙利用南低北高、东高西低的地势高差，设计出四个商业首层。购物中心拥有华润高端精品超市 Ole'、超五星级会员俱乐部式豪华影城中影益田假日影城、体操王子李宁投资的中国首座剧院式溜冰场、餐饮巨舰环球美食四海一家等几大主力店，以及近 200 个国内外知名零售品牌，如英国 BURBERRY600 平方米豪华复式生活体验馆，CARTIER 300 平方米旗舰店，意大利 ARMANI 旗下的 ARMANI COLLEZIONI 和 ARMANI JEANS，德国 HUGOBOSS 旗下的 BOSS、HUGO 和 BALDESSARINI。此外，还有 DUNHILL、AIGNER 及 ROLEX、OMEGA、CERRUTI 1881、GIADA、PORTS 等众多国际一线品牌及全球排名前三的两大快速时尚品牌 ZARA 和 H&M 华南首家旗舰店。

特色四：绿色型

典型案例 1：上海 K11 购物艺术中心

K11 名字来源于东方哲学的“虚实共生”，本质上意义中立。K11 是全球首个把艺术·人文·自然三大核心元素融合，将艺术欣赏、人文体验、自然环保完美结合和互动，带出无限创意、自由及个性化的生活品牌，并为大众带来前所未有的感官体验。

便捷的交通，尊重人文、与环境和谐的设计，是 K11 环保建筑设计的基础。K11 在全国发展的商业项目亦计划通过理性的绿色设计和规划，如新风系

统、垂直绿化、清洁能源利用、中水处理系统、雨水收集利用等环保技术的综合考量及采用，以符合国家及美国 LEED 绿色建筑认证标准，最终达到减少城市建设及社区发展所带来的能源和资源耗费，以及在运营使用中节能减排。

K11 在投资及建造项目的过程中，充分考虑绿色建筑选址及设计，以达到保护自然环境及鼓励可持续生活方式。K11 项目在规划之初便以 LEED 认证为标准，挑选降低对汽车依赖的地点开发新项目，并提供大量公共集会空间，增加社区氛围；保护栖息地或湿地的场地设计，减少城市热岛效应，并且保护动植物的生态环境；同时鼓励高密度紧凑社区。K11 设计节能单体建筑，增加对现场可再生资源的使用，选种本地植物，收集雨水，减少水资源浪费。鼓励材料和资源的再利用，并使用本地材料降低运输过程能耗，把施工拆除和场地废弃物从填埋处中转。

K11 不仅长期展示典藏的本土年轻艺术家的杰作，更通过举办不同的艺术展览、演出及工作坊，透过多种类型的多维空间，让大众消闲或购物的同时，可欣赏到不同的本地艺术作品及表演，以加强本地艺术家与市民的沟通及交流，培养市民对艺术的欣赏，亦让年轻艺术家获得更多机会创作及发表作品，有助于本地艺术生态自然地茁壮生长。

K11 在每个城市均对项目所在周边区域的人文生活传统、历史地理等进行多维度的整合，使该区域所沉淀的人文艺术、生活文化得到活化（Revitalize）、重塑（Retransform）和再生（Recreate），创造出独特的 K11 多元文化生活区。K11 项目的室内外建筑空间，均会率先考虑通过各种绿色建筑设计及科技，尽量减低对自然环境的影响，并努力提升城市公共生活场所的总体质量。K11 庭园式的户外广场设计，遍布本地植物、屋顶及垂直绿化、都市农庄等多维园林景观，不但使自然空间完美融合本土生态，更让人犹如置身于都市绿洲，启发个人思考与自然之间的密切关系。

K11 宣示着一个全球新品牌概念的诞生，探索当代优质生活方式的可能性，重新发现艺术、人文、自然三者的关系，把众多前卫的绿色设计、可持续发展思维、各式相关活动和生活方式带到生活的社区中，鼓励人们多与大自然作出更紧密地对话。

典型案例 2：成都菁蓉国际广场

菁蓉国际广场占地面积 95 亩，总建筑面积 25 万平方米，地上建筑面积 20.3 万平方米，地下 5.3 万平方米；研发写字楼 7 幢、综合配套服务楼 1 幢。该项目以中韩创新创业合作为重点，以孵化新技术、培训新业态、实现新价值为核心，打造全国最大的创新创业服务平台和全国一流的众创空间。

菁蓉国际广场是中国首个通过 LEED V4 既有建筑铂金级认证的办公产业园，同时也是中国西南地区首个获得 LEED 最高的铂金级认证的办公产业园。

此举标志着菁蓉国际广场为中国中西部绿色建筑的发展树立了全新标杆。菁蓉国际广场获此绿色建筑类铂金级最高殊荣，充分印证了成都高新区在绿色可持续发展方面做出的积极贡献。

菁蓉国际广场已经引进微软云加速基地、成都硅谷国际孵化器、中韩互联网＋新技术孵化器、艾格拉斯移动泛娱乐国际孵化器、阿里百川成都创业基地等25家国内外知名新型众创空间／孵化器，线下工商注册企业435家，线上工商注册企业708家，企业合计1143家，储备项目100个。高层次人才创业企业135家，大学生创业企业46家、高新技术企业6家。员工人数逾1万人，其中高层次人才总数304人，中国工程院院士1人，国家千人计划入选者3人，四川省千人计划入选者5人，国家青年千人计划入选者1人，知名企业骨干人员6人。获得的股权融资额度1.381亿元人民币及9500万美元，各项知识产权409项。2017年，实现销售收入5.5亿元，上缴税收4598.94万元。

菁蓉国际广场着力打造高新区“五大品牌活动”体系，推出“菁蓉汇·高新区”“创业夜市”“创业集市”“创业学堂”“创业旅游”等五大品牌系列活动，实现“天天有活动、周周有特色、月月有主题”的双创活动常态化。

特色五：共享度

典型案例1：杭州西子国际中心

杭州西子国际中心建筑面积28万平方米，由绿城集团、杭州大厦、百大集团联袂打造，总投资额超过60亿元，为浙江省、杭州市重点工程之一。项目集国际5A写字楼、Medical Mall、杭州大厦501城市广场、精装服务公寓等四大优质业态于一体。首创一站式国际都会平台，财智与时尚于此汇聚，医疗与生活在此交融。

项目地处杭州庆春路金融街与钱江新城交汇处，隶属钱江新城中央商务区核心区域，依托庆春商圈，为杭州城市东扩发展的中心。南邻庆春东路，西接秋石高架，东临庆春隧道，交通便利，与地铁2号线庆春广场站无缝连接，距离4号线景芳路站仅500米，周边公交线路26条，可便捷到达全城。

项目前期物业公司为香港新鸿基旗下启胜物业，该公司在香港物业管理市场占主导地位，为香港管理商场面积最多的管理公司。后期物业服务公司为绿城物业，具有国家一级资质，曾荣膺“中国物业服务百强满意度领先企业第一名”。启胜物业和绿城物业强强联手，优势互补，为写字楼客户提供国际一流的物业服务。

作为项目配套的杭州大厦501城市广场，商业建筑面积约6万平方米，于2016年10月正式开业，入驻品牌超过100个。商场围绕“健康、年轻、快乐、时尚、精致”五种生活态度，引入“无界融合”概念，将购物、亲子、教育、运动、健康、社交等众多板块相融合，定位轻潮流生活方式中心。在服务城市小资白领和年轻家庭的基础上，还为周边写字楼提供创新配套服务。

国内首家Medical Mall（健康医疗中心）2017年在西子国际中心正式开

业，中心致力于建立“D2B2C”私人健康管理服务平台，整合国内外优质的医疗与健康管理资源，着力打造高端体检、医美与抗衰老、高端门诊及名医专科、健康管理四大服务中心，为客户提供定制化的全面健康促进方案，多维度地打造健康保障体系，为社会高净值客群提供覆盖整个生命周期的全过程私享健康管理和医疗服务的平台服务商。中心内的杭州全程国际健康医疗门诊部、爱丁备孕、方回春堂、太学眼科、仁树五官科、颜术医美、艾维齿科、张强外科等 14 家医疗产业机构已经完成注册开业。

目前，楼宇入驻了立信会计师事务所（特殊普通合伙）浙江分所、新华人寿保险股份有限公司浙江分公司、竞技世界（杭州）网络技术有限公司、国家电投集团浙江配售电有限公司、杭州全程国际健康医疗管理中心有限公司、华侨基金管理有限公司等一批优质企业，楼宇整体入住率达 90% 以上，2017 年楼宇整体税收超 9000 万元。

典型案例 2：上海 U-CUBE

坐落于上海静安区的 U-CUBE 为因应产业多样性与空间需求，打破传统

办公室的空间界限，以“集合分享，自然生活”为出发点，将整体空间打造为多样化的共享办公形态，探讨一种凝聚上海特有的艺术、文化、时尚、设计、商业等多维度的气氛，创新思维重新定义空间的使用界限，让知识在此进行交流与共鸣，产生一种独树一帜的设计模式。U-CUBE不同于以往针对个体的西方共享办公模式，不刻意植入过于独特的工作形态，目标族群主要针对小型创意公司的创业，订制出合适以公司为单元的共享空间形态，让企业能在此自由进行私密与共用间的交流与切换，经过研究以个别的概念去规划空间功能，最大可能集约出大众需求，加以转变成可操作的设计元素，如平均计算一个人一天所需要的新鲜空气量与室内湿度。而在一楼入口处放入对等面积的植生墙，搭配调节大陆干燥气候的水池。预设中午办公室用餐最大人数，转换为多人同时使用的多功能餐厅，而夜间可转变为各界人士共同交流的酒吧，又可配合弹性隔断可与大厅空间开合成一体使用的活动空间，让大厅与此处联动，为公众提供演讲、沙龙及公共展览等用途，让U-CUBE成为能为社会带来价值的公众平台。

特色六：情怀风

典型案例：上海嘉里中心

上海嘉里中心位于南京西路和常德路交汇处的中心地段，是上海静安区的首个大型综合项目。东面有恒隆广场、梅龙镇广场，西面有历史建筑静安寺和静安公园，上海展览中心正对面，静安嘉里中心处于静安区核心位置。当大都会的缤纷活力华丽邂逅老上海的绝代风韵，日与夜都是娱乐、餐饮及时尚生活的中心，人潮熙来攘往，时刻展现繁华绚丽。

静安嘉里中心商业部分面积8.6万平方米，已超过久光、芮欧百货，成为静安寺商圈核心商业，其融合购物、餐饮、精品超市、影院和众多生活服务设施打造全新“尚城”生活方式，项目还配套有1340个停车位，为浦西车位最多的商场之一。以安义路为中心的开放式广场，是静安嘉里中心为城市文化生活预留的充足空间，极具历史价值的毛主席故居，更汇聚众多文化艺术活动盛事，安坐于静安核心，惬意品味都会优雅，感悟人文情怀。静安嘉里中心已然成为城中追求个人生活品质的时尚达人、摩登家庭、商旅人士的聚会首选之地。

楼宇经济的下一个“风口”该怎么办?

2018年是贯彻党的“十九大”精神的开局之年，是改革开放40周年，是决胜全面建成小康社会、实施“十三五”规划承上启下的关键一年。我国经济发展“由高速增长阶段转向高质量发展阶段”的新时代基本特征，将为楼宇经济的高质量发展迎来新的战略机遇期。但我们不得不面对的另一种情况是，在转变发展方式、优化经济结构、转换增长动力的攻关期，掣肘经济平稳健康运行的结构性矛盾仍然较为突出，发展不平衡不充分的问题尚未解决。

“肯取势者可为人先，能谋势者必有所成。”如何实现楼宇经济的高质量发展？唯有注重楼宇的经济、社会、人文、生态效益，将楼宇的品质、品位、品牌作为未来一个时期的主要追求目标，才是解决当前楼宇经济发展“瓶颈期”的一剂“苦口良药”。需要注意的是，如何让自己站到楼宇经济发展的下一个“风口”绝不是靠“人云亦云”，更不能只简单地“东施效颦”，沿着别人的足迹重走一遍“来时的路”。

一、抢占楼宇经济的下一个“风口”要关注“三大导向”

任何企业的发展，如果脱离了所在的时代，无疑会遭到抛弃。而市场主体是否有活力，决定了一座城市的“活力质量”“活力形象”，决定了一座城市的全球竞争力。高质量发展，既要体现在经济质效的提升上，也要体现在城区品质的提升上。楼宇经济发展活力的“症候”是多方面的，评价一个城市、一个城区楼宇经济发展质量与水平的指标体系也不仅限于经济效益，还要看社会效益、人文效益、生态效益。因此，要关注“三大导向”：

（一）“亩均论英雄”正成为评价标准

“亩产”是农业领域的概念，指的是农产品的产量、种植业的效益，类似于经济学领域的“经济密度”。2018年初浙江省政府发布的《关于深化“亩均论英雄”改革的指导意见》明确，到2020年全省所有工业企业和规模以上服务业企业以及产业集聚区、经济技术开发区、高新区、小微园区、特色小镇全部纳入“亩产效益”综合评价，旨在加快推动经济发展质量变革、效率变革、动力变革。作为一项对考核经济发展评价的改革举措，“亩均论英雄”既强调总产量，更强调单位产出，弱化的是速度情结，强化的是质量关切，其本质是以最小的资源环境代价，获得最大的产出效益。对于楼宇经济而言，我们多年来所强调的“平方米税收”“亩产税收”、税收“亩产率”、财政“贡献率”，正是践行了“亩均论英雄”的理念。

（二）“田园城市”正成为发展样本

早在1898年，英国学者霍华德针对当时英国工业化带来的污染、拥挤等众多城市问题，首次提出了建设“田园城市”的设想。我国拥有漫长的城市建设史，城市规划理念同样浸润着古老的传承。可喜的是，江苏太仓、江苏无锡、浙江衢州、海南琼海、陕西西咸新区等地较早提出了“建设生态型田园城市”的构想。通过对土地的节约集约利用、对耕地的保护和对城市建设、空间布局、土地利用的统筹，让城市与田园相互滋养，文化与田园融合发展，田园与产业交相辉映，既能让市民感受到农村的田园气息，又能让农民享受到城市的生活品质。对于中国城市来说，这是从生态文明角度对城市发展所做的总体规划，必将成为城市发展的“样本”。

（三）“以人为本”正成为普遍诉求

“城，所以盛民也；民，乃城之本也”。中共“十九大”报告中提出的“以人民为中心”理念正是契合了新的时代背景。高质量发展，归根结底在于提升人的获得感、满足感。人是城市发展的主体，是城市的灵魂，也是城市运行与管理的基本内容。城市现代化的本质是人的现代化，城市现代化必须以人为核心。国际经验表明，人的现代化一旦被忽视，就可能带来危害和祸患。早在20世纪初，德国哲学家海德格尔就提出了“人要诗意地栖居在大地上”的命题。一座城市的美好，不仅需要物质的不断进步，更需要精神与文化财富的超前发展和同步增长；走进网络时代的大众，不仅渴求衣食的无忧、住行的便捷，更期待心灵的滋润和精神的富足。从城市与历史文化的关系来看，城市应成为文化传承发展的平台和人们有归属感、自豪感的栖息地，尊重历史传承，促进社会进步，让城市魅力不断增值。因此，楼宇经济发展要始终贯彻“以人为本”理念，通过有效的服务和管理，激发所有“楼中人”为城市发展贡献活力与智慧。

二、抢占楼宇经济的下一个“风口”要顺应“三大趋势”

现代管理学之父彼得·德鲁克曾说过：“没有人能够左右变化，唯有走在变化之前。”20世纪70年代，美国气象学家洛伦兹曾表示：亚马孙雨林一只蝴蝶偶尔振动翅膀，也许就会引起得克萨斯州的一场龙卷风。从商业角度看，许多时候企业无法直接一步解决所谓的“大问题”，只能从一个点切入，抓住社会或行业痛点集中发力才有可能成功。我们有理由去期待，当一幢幢楼宇实现提质升级后，楼宇经济将会迎来怎样的下一个10年。

——要顺应“个性办公”新潮流

在人们的需求日益个性化的今天，不同的行业、不同的企业、不同的人群对办公楼宇的需求是不一样的，从空间到时间、从区位到环境、从配套到服务。正是这些需求的个性化，促使商务办公载体从以前单一的纯商务楼宇迈向商务楼、改造后的旧厂房、酒店式公寓、“联合办公”等多种空间形式并存的新时代。因此，无论是楼宇的建设还是楼宇的管理乃至楼宇的服务，都没有甚至不可能以某一个统一的标准去衡量，从而呈现楼宇建设、管理、服务的“非标化”趋势。

——要善用“共享空间”新模式

凯文·凯利在《必然》里曾告知我们“将从未被共享过的东西进行共享或者以一种新的方式来共享，是事物增值最可靠的方式，未来 30 年最大的财富就会出现在这一领域”。“共享空间”是共享经济的产物。自 2015 年“共享空间”在国内开始兴起，北京、上海、深圳、广州等城市相继涌现出优客工场、SOHO 3Q、无界空间等品牌的“共享空间”，激发了“联合办公”的“分享精神”和创新思维。“共享空间”也是一种“共享经济”理念。要鼓励“联合办公”“虚拟办公”“柔性办公”，适当扩大“商务办公钟点房”“虚拟办公室”等产品的供给，以满足企业短时会客、商务谈判、企业形象展示等个性化需求。

——要关注“体验经济”新需求

发达国家的经验和数据表明，一国或地区的消费结构随着经济水平的高低依次递延，当人均 GDP 超过 1000 美元时，居民在服装衣着方面的消费会加速增长，并颠覆原有的纯功能性消费理念，更加注重品牌体验；当人均 GDP 达到或超过 4000 美元时，休闲、娱乐、体验、旅游观光和生态文化等需求将急剧增长；当人均 GDP 超过 8000 美元时，体验式消费将位居主流。正因为人们对生活关注的重点已从简单的生理满足转向追求情感价值，才使得如何最大限度地挖掘感情的愉悦成为创造新生活模式的关键。因此，可以从空间、业态、比例、规模、审美等不同角度聚集商业，形成商业、商务、旅游、文化功能联动的情景式、主题式、个性化消费新模式，满足消费者“一站式”购物、体验需求。

三、抢占楼宇经济的下一个“风口”要践行“三大精神”

2005—2015 年的 10 年，是楼宇经济大发展的 10 年。这 10 年，楼宇经济从“1.0 时代”迈向了“2.0 时代”。但必须指出的是，过去的辉煌，不代表未来可以永远辉煌。中国经济由高速增长阶段转向高质量发展阶段，既是一个转变发展方式、优化经济结构、转换增长动力的“攻关期”，也是一个主动作为、乘势而上的“机遇期”。楼宇经济发展也要由高速增长阶段转向高质量发展阶段，而这一过程任重道远，没有任何轻松懈怠的借口，没有任何骄傲自满的理由，千万不能有“松口气、歇歇脚”的想法，千万不能有“等一等、拖一拖”的念头，唯有以“等不起”的紧迫感、“慢不得”的危机感、“坐不住”的责任感，树立“工匠精神”“店小二精神”“管家精神”，才能突破楼宇经济发展中的新瓶颈，抢占楼宇经济的下一个“风口”。

第一，要崇尚“工匠精神”。

从本质上讲，“工匠精神”是一种职业精神，它是职业道德、职业能力、职业品质的体现，是从业者的价值取向和行为表现。“工匠精神”作为一种优秀的职业道德文化，它的传承和发展契合了时代发展的需要，具有重要的时代价值与广泛的社会意义。经过改革开放 40 年的发展，规模经济的路已经越走越窄，跑马圈地之后需要的是精耕细作。这也是为什么实业要倡导回归“工匠精神”，回归到产品本身的现实意义。毫不夸张地说，在过去几十年的粗放发展中，几乎每个实体产业都或多或少地体会到了“欲速则不达”的滋味。在市场上，凡是近几年间谋求扩张的实业大都铩羽而归，反倒是慢下来回归到产品的企业开始赢得市场。正如老子所说，“天下大事，必作于细”。能基业长青的企业，无不是精益求精才获得成功的。瑞士手表得以誉满天下、畅销世界、成为经典，靠的就是制表匠们对每一个零件、每一道工序、每一块手表都精心打磨、专心雕琢的精益精神。楼宇经济发展也要倡导“工匠精神”，将开放、创造、创新的现代思维与精致、专注、敬业的“工匠精神”相融合，破除“萝卜快了不洗泥”、做“差不多先生”的心态，在楼宇建设的精雕细刻、楼宇物业的精益管理、楼宇配套的力求完美上下功夫。

第二，要倡导“店小二精神”。

倡导“店小二”精神，就是倡导一种服务精神。毕竟，城市竞争归根结底还是人的竞争。人好、服务好，才是制胜的“王道”。“2.0时代”的楼宇经济发展重点在于服务，楼宇品质品位品牌的塑造关键在服务。要让企业在“店小二”精神中感受到良好的营商环境，不光是政府审批改革，更有软环境营造，服务功能的强化。其实，一个“有为政府”“有效政府”只需做好两件事：造环境、搞服务。整个环境好了，政府服务跟上了，经济社会发展自然会好。对整个楼宇经济而言，每一个楼宇企业是“店小二”，市场需要什么，企业就要提供什么样的产品和服务；对楼宇企业而言，政府就是“店小二”，企业需要什么，政府就要提供什么样的服务和支持。要让“店小二”精神成为一种政府行为、成为一种城市精神，让周到服务、充满活力的良好氛围与每个人的工作生活紧密融合、能成为我们的“本能反应”。

第三，要弘扬“管家精神”。

“管家”起源于法国，老派的英国宫廷将管家的职业理念和职责范围按照宫廷礼仪进行了严格的规范，成为行业标准，英式管家也成为家政服务的经典，私人管家由此而来。所以，在英式管家享誉世界的最初，只有世袭贵族和有爵位的名门才能享受，原因出自宫廷血统的尊贵。多年来，管家服务从先前的家庭式管家爷，到近代的酒店式管家服务，再到现代的社会机构式的综合管家服务。管家范围和服务群体也从住宅地产到商业地产再到产业地产，而产业地产所针对的客户群与住宅地产、商业地产不同，大多都是该产业领域的一些特定客户群体，需要有比住宅和商业开发商更广泛的资源整合能力。因此，要在楼宇的物业管理上倡导“酒店式管理”“管家式服务”，以管理的规范促进楼宇品质的提升。

楼宇经济的下一个“风口”该怎么干?

热播剧《琅琊榜》中有句台词：“不，不是起风了，而是在这宫墙之内，风从来就没停过。”当下，楼宇经济的发展大潮正从一二线城市涌向三四线城市，这股潮流所到之处都一定程度上改变了城市的魅力品位、改变了城市的发展方式、改变了城市的发展模式。也正因此，许许多多的地级城市、发达县城也迎风而动，加入了发展楼宇经济的队伍。“站在风口上，猪都能飞上天”被很多人津津乐道的同时，我们也要清醒地看到，当前楼宇经济发展中存在的速度与数量、质量与效益、动能和结构等问题，让“风口”似乎并不如想象中的那样充满浪漫和奇幻，从而不得不发出另一个疑问：楼宇经济的下一个“风口”我们该干些什么?

一、坚持“靶向发力”，在“三篇文章”上下功夫，当好楼宇经济品质提升的“先行者”

中共中央经济工作会议指出，“推动高质量发展是今后一个时期确定发展思路、制订经济政策、实施宏观调控的根本要求”。可见，今后几年中国的宏观经济政策、结构政策、改革政策、社会政策都将围绕高质量发展的总要求展开。就城市发展而言，宜居城市、智慧城市、绿色城市肯定将成为未来的发展方向，这就必然要求城市的管理者要更加注重土地的深度开发而不是单线条的商品房开发，更注重城市运营而不是城市建设。因此，未来城市经营的兴奋点已不再在于大拆大建，而在于如何在有限的空间里产出最大的效益，在于怎样当好城市运营商而不是城市开发商。在这样的趋势下，要想取得楼宇经济的高质量发展，需要作好“三篇文章”：

（一）作好“有机更新”的文章

考量一座城市的发展水平，不仅要看城市有没有被“格式化”，更要看这座城市一脉相承的文化气质和人文底蕴。城市更新的推动力是消费升级，需要满足消费者对效率和体验的需求，而这些可以通过高科技手段、人工智能来实现。有关资料显示，城市更新过程中的硬件改造大约可以提升20%~30%的资产升值，通过运营提升租金后，资产价值预计会提升40%~50%。**第一，要从“颜值”上做文章。**将“城中村”改造、“棚户区”改造、背街小巷整治与旧楼改造、老市场改造、历史街区改造等结合起来，从地下到地上、从功能到环境，大到楼宇外立面的洗刷，小到广告灯箱的设立，都要更好地传递城市美好形象、表达城市浓郁文化，从而提升城市的“颜值”。**第二，要从“内涵”上做文章。**文化是一个城市的根基、血脉与灵魂，文化具有无法复制的特征。要挖掘城市文化底蕴，塑造城市文化特色，让城市文化个性化、城市建筑主题化、城市经济品牌化，形成城市中文化、经济、建筑的高度统一和完美结合，筑造城市独一无二的形象和品牌，从而充分兑现城市价值。**第三，要从“气质”上作文章。**“关键看气质”。人有气质，城市亦然。有气质的城市，才是迷人的。一个人没有气质，五官再漂亮也吸引不了眼球；一个城市没有气质，建筑物再精美也缺乏内涵。如果说一个人的气质在于一颦一笑、举手投足间由内而外的自然流露，城市的气质则是透过霓虹的夜景、高耸的楼群所散发出的文化属性和风俗习惯，正如北方城市稳重深厚、南方城市现代时尚，大城市恢宏磅礴、小城市钟灵毓秀。城市的“气质”犹如城市的“名片”，代表着城市与众不同的面貌与内涵。

（二）作好“腾笼换鸟”的文章

对于一些老城区和老楼宇而言，“腾笼换鸟”显得迫切而重要。这关系到楼宇的品位和效益。要通过对楼宇的准确定位、整体包装、策划经营等，对入驻率低、注册率低、贡献率低的“三低”楼宇进行功能置换、经营转向和“二次招商”，以“大”换“小”、以“好”换“次”、以“优”换“劣”，不断提高楼宇经济的综合效益。**要“优规划”**。对规划新建的楼宇项目要搞好“顶层设计”，提前介入引导规划建设，优化功能定位，做好项目落地的全程服务工作。**要“优功能”**。通过产业置换、改造扩容、出售转让等方式，对产权明晰、资金运转困难的半拉子楼宇，产权复杂、长期闲置的商务楼宇，定位不明、功能不清的商务楼宇，以及单产不高、效益低下的商务楼宇进行盘活，以提高楼宇存量利用率和产出效益。**要“优业态”**。通过对旧楼宇、低档楼宇、闲置的行政办公楼宇等进行更新改造，对楼宇内企业进行优胜劣汰，实现楼宇发展模式的转型、发展结构的升级，从而实现效益的最大化。

（三）作好“融合发展”的文章

20 世纪 90 年代中期，日本学者今村奈良臣提出的“六次产业”概念，其实就是一种融合发展的理念。从产业发展整体趋势看，未来二、三产业已不仅仅是相互间的互动，而是一种深度融合。因此，楼宇经济发展要树立融合发展的思维和理念，将商业、商务、休闲、旅游、体育、文化、教育、医疗等配套设施引进楼宇、街区、园区，使生产、生活、生态融为一体，形成一个个多功能的现代服务业集聚区、城市综合功能区、“城市综合体”。**一是以楼宇集聚力驱动“载体融合”**。依托城镇化推进、城市有机更新、产业转型升级，引领产业、项目、企业向专业市场、特色街区、产业园区的楼宇集聚发展，从而形成“楼宇 + 特色街区”“楼宇 + 产业园区”“楼宇 + 专业市场”融合发展的局面，推动特色街区、产业园区、专业市场的时尚化、精品化、多元化发展。**二是以产业耦合力驱动“功能融合”**。通过产业耦合形成生产要素、产品市场、技术信息的互动，引导楼宇从以前单一的商业、商务物业形态逐步向商业、商务、居住、酒店、展览、餐饮、会议、文娱、交通等城市生活空间的多功能组合，形成多形式的城市综合体，推进楼宇功能的多元化，带动产业链中的上下游产业快速发展。**三是以“外因影响力”驱动“要素融合”。**通过政策导向、人流导入、生态导引，不断融合文化、科技、品牌、资本、技术、人才等要素，为楼宇经济发展提供政策、人气、环境支持，形成产业、文化、生态、科技协调发展的态势。

二、坚持“精准施策”，在“三个路径”上求突破，当好楼宇经济品位提升的“领头羊”

城市是形象了的文化。从根本上说，城市的魅力来源于城市文化的特色，即使是城市唯美的建筑和精致的景观，其实也是城市文化特色的体现。尽管大小城市都叫“城市”，但每个城市因其区域、地理、自然、人文、历史不同，楼宇的品位也会不一样。留意一下大城市与小城市、南方城市与北方城市、副省级城市与地级城市，不难发现其楼宇的色彩、造型、风格、数量、高度都会不一样。这固然有经济实力的差距，更有历史文化的差异。因此，高质量发展新时代，提升楼宇经济的品位，要改变以往“大水漫灌”式的工作方式，精准施策、精准发力，在“三个路径”上寻求突破：

（一）要有“等不起”的紧迫感，在典型化引路上求突破

品牌对于一个城市非常重要，是城市的名片、城市的形象、城市的定位。城市有城市的品牌，城区有城区的品牌，楼宇也要有楼宇的品牌。因此，要坚持典型化引路，培育一批知名企业、知名楼宇和知名企业家，用龙头企业引领楼宇经济发展。**一要“引名企”。**成熟的产业链条、成型的产业集群是建设产业高地的必备前提。只有努力招大商、引名企，才能实现“大招商带动大产业，大产业推动大发展”的目标。要立足自身区位特点和资源优势，进一步突出主攻方向，针对性地引进缺失链条、补强薄弱链条、提升关键链条，引进一批相互配套的大中小企业，形成优势产业集群。要变“比

资源”“比政策”的恶性竞争为“比环境”“比服务”的良性竞争，通过良好的环境、贴心的服务吸引客商入驻。同时，以商会、乡友联谊会、回乡创业专题投资推介会等形式，唤起企业家的“乡愁”，实现“凤还巢”，发展“归雁经济”。**二要“筑名楼”**。现代楼宇集聚了最发达的商务业态、最新型的商务模式，从特色街区到产业园区、从繁华商业区到中央商务区，许许多多的商务楼宇成为城市建筑美学的标杆、成为人文底蕴的地标。不管是因高度出名，还是因造型出名，甚或因色彩出名，形形色色的“名楼”都有意、无意地推介着自己的城市，一定程度上充当着城市名片的功能。因此，要在楼宇的外形、风格、色彩、布局中融入城市的文化特色，着力构筑楼宇文化，使城市中鳞次栉比的楼宇不仅成为城市财富的新地标，更成为城市文化的新地标。**三要“聚名家”**。“因为一个人，恋上一座城”。短短的两句小诗却是一个美好、浪漫的爱情故事。历史上，城市因人而出名的并不少，这就是一种“名人效应”。在楼宇经济发展中，也要有这样的思维和理念，像招商引资那样去“招才引智”，以“人才新政”广罗四海名人，吸引一批大院大所、大师名家入驻楼宇，提升楼宇的知名度和影响力。

（二）要有“慢不得”的危机感，在差异化发展上求突破

城市是形象了的文化。从根本上说，城市的魅力来源于城市文化的特色，即使是城市唯美的建筑和精致的景观，其实也是城市文化特色的体现。楼宇经济发展所依靠的不仅仅是建筑物和建筑物中的经济交易活动，还需要一定的文化积淀等环境因素。而各地楼宇经济特色最终都会通过差异化的发展表现出来。**要体现城市之美**。要注重城市传统的传承、城市文化本土性的维系、原住民生活形态连续性的保护、城市文化地方性根基的可持续性机制培养，结合城市的地理位置、历史文化、风俗习惯、自然气候等特点，对城市产业、基础设施、居住区、办公区等进行科学规划、整体设计，要通过制订城市设计标准，强化建筑立面的管理，优化城市建筑形态，美化城市景观生态。让历

史遗存与当代生活共融、让村落景观与人文内涵共生、让传统文化与时代精神共鸣，避免“千城一面”。**要留住城市之魂。**城市文化的软实力首先来自于城市本身的文化记忆。随着一些具有百年历史的仓库、厂房、厂区被一幢幢高楼所替代，不少城市的历史记忆犹如碎片散布在同质化的现代化高楼大厦中，现代化楼宇虽带来了可观的经济效益，但城市符号、城市文化却正在消失。要大力培育文化内涵、挖掘文化元素，对百年老街、历史名楼、工业遗存等历史元素，通过创意开发、创新活化，增强文化氛围、功能、品位，凸显城市的历史感、人文感、厚重感，从而塑造各县特色的城市文化、城市品牌、楼宇品牌，使一幢幢楼宇不仅成为城市的“经济地标”，更成为城市的“人文地标”。**要彰显城市之韵。**树立“紧凑型”城市的规划理念，强调功能上的紧凑、不同功能的空间融合，在有效节约用地、合理布局城市功能之间寻找平衡点。要注重楼宇静态、动态环境品质的优化和提升，着力解决好楼宇周边交通、卫生、市容、设施配套等问题。积极构建慢型交通系统、完善的公共交通系统、分区的购物场所、众多值得停留的公共场所和休憩空间、街道化的城市道路等“慢生活”体系，让人们在舒缓的城市关系和空间节奏中，悠闲体验城市生活。要建设以步行、非机动车系统与公共交通系统为主体的区域交通体系，实现城市形态的紧凑。以公共交通节点为中心，结合商业、办公、住宅等综合用途进行集约型开发，合理利用轨道交通节点，设置商业区、商务办公区及文化、体育、娱乐设施。要通过对河道、桥梁、道路、古街、小巷、幕墙等的精致雕琢，展现城市的山水、历史和生活，为楼宇经济发展增添“神韵”。

（三）要有“坐不住”的责任感，在分类化推进上求突破

随着城镇化推进、城市有机更新、产业转型升级，现代楼宇正向专业市场、特色街区、产业园区集聚，形成扎堆发展的趋势。对于一个城市而言，无疑要注重生产、生活、生态的均衡发展，这就要求城市的建设者、管理者要评估商业、商务、住宅的合理配比，注重产业、项目、企业的合理集聚，从而引

领商业区、商务区、特色街区、产业园区的时尚化、精品化、多元化发展。**一是结合特色街区的打造，形成“楼宇+特色街区”的发展模式。**整合特色街区的载体、文化、产业、生态等资源，通过商务楼宇与特色街区的相互倚重、融合发展，复兴和创新特色街区的活力，形成商务楼宇与特色街区的协同发展。**二是结合产业园区的运营，形成“楼宇+产业园区”的发展模式。**以产城融合为导向，通过在产业园区特定空间内集聚特定产业，激活产业园区的创新发展动能，实现专业化分工和社会化协作，使得产业园区内的产业结构更加合理、产业特色更加鲜明、集群效应更加显著、功能布局更加优化。**三是结合专业市场的改造，形成“楼宇+专业市场”的发展模式。**通过异地搬迁、原地扩建、拆迁改建等形式，对传统的专业市场进行“关、停、并、转”，推动专业市场从批发型、零售型向展示型、体验型转变，形成以“个性定制”“订单生产”为主要内容，集现代化交易、商场化管理、集群化整合、楼宇化发展、总部化办公于一体的“市场综合体”。

三、坚持“问题导向”，在“三个不足”上“补短板”，当好楼宇经济品牌提升的“排头兵”

问题是时代的声音。楼宇经济发展的过程其实就是不断发现问题又不断解决问题的过程。经过几十年的发展，许多城市已从建设城市阶段发展到经营城市阶段，或者叫运营城市阶段。相较于城市的建设，经营城市是个系统性工程，也是一门大学问。对于楼宇经济而言，强调的是城市建设后期的运营和管理，包括楼宇的物业管理、楼宇的资产管理，使一幢幢高楼大厦更好、更快地发挥效益。因此，要树立“问题意识”、突出“问题导向”，像重视楼宇的建设一样重视楼宇的管理，用当年搞城市建设的劲头来抓好“精细化”管理，用绣花般的细心绣出“精细化”品牌，不断增强楼宇的吸引力、创造力、竞争力。

（一）补齐“顶层设计”的短板

品牌建设并非一蹴而就，必须积尺寸之功，聚众人之智，集社会之力。楼宇经济如何更好地实现品牌价值？可以说，“顶层设计”至关重要。在这方面，中共“十九大”、中共中央经济工作会议、中共中央城市工作会议都对城市发展的“顶层设计”做过部署和要求。城市是由一幢幢风格、色彩、高度不同的楼宇构成的，楼宇经济的“顶层设计”要在城市“顶层设计”框架下进行设计和打造，在空间规划、功能定位、硬件建设、运营管理等方面进行通盘考虑，以实现区域之间、楼宇之间的差异化发展。**要具备前瞻性。**为探索推动城市设计工作，塑造城市特色风貌，2017 年，国家住房和城乡建设部将北京、上海、杭州、宁波、苏州、南京等 57 个列为城市设计试点城市，从创新管理制度、探索技术方法、传承历史文化、提高城市质量等 4 个方面进行试点，意在通过探索城市设计，精细化管理城市各类空间，保护城市历史格局，延续城市文脉，提高城市质量。未来的楼宇经济发展要结合城市生态修复、城市修补、城市设计工作，提高楼宇规划、建设、管理的精细化水平。**要强调系统性。**城市设计是对城市景观和特色风貌的精细化管理手段。城市的“顶层设计”要突出对建筑高度、密度、容积率等技术指标的管理，协调好城市和建筑空间风貌的整体管控，强调对建筑、交通、开放空间、绿化体系、文物保护等要素之间的关系。**要体现融合性。**目前，城市发展正面临从外延扩张向内涵提升的转型，早期城市注重“量”的规模开发，导致千城一面、千楼一面、城市特色消失、城市空间品质低下，难以满足市民对美丽城市、宜居生活的诉求。亟须通过“顶层设计”引领商务楼宇、特色街区、产业园区、专业市场的融合发展，重塑城市特色风貌、提升城市环境品质。

（二）加长“人才资源”的长板

人才，是城市、区域竞争的永恒主题。当前，许多城市主政者意识到人才对于一个城市、一个城区、一个企业发展的重要性，纷纷出台有诱惑力的政策网罗人才，使城市发展从“招商引资”阶段转向“招才引智”阶段。楼宇经济发展也离不开人才。**一要引进紧缺人才。**要发布“招贤榜”招才引智，注重重点领域、核心技术、紧缺岗位高层次人才、紧缺人才的引进。要探索引进人才的差异化薪酬制度，加大对信息技术、国际贸易、现代物流、会展策划、物业管理、市场策划、专业咨询等方面专业人才、管理人才、紧缺人才的吸引力度。**二要开发领军人才。**支持高层次人才和团队带项目、带技术创业，引进、培养、造就一批商业精英、学科带头人，设立专业人才特别贡献奖。对有战略眼光、前瞻视野、专业特长的人才，采取政府聘用顾问的形式为我所用，定期或不定期地召开洽谈会、论证会等，听取专家的意见、建议。**三要培养专业人才。**要从长远发展的角度考虑，培育本土的专业人才，除了组织实施专业人才能力培训、能力提升工程外，还可以采取“引进来”“走出去”的形式，加强对本土专业人才的培养。

（三）加固“运营管理”的底板

许多人认为，发展楼宇经济就是搞楼宇开发，就是建高楼大厦，这是个误区。楼宇经济发展，既包括楼宇的建设，也包括楼宇的运营，如楼宇物业的管理、楼宇业态的培育、楼宇资源的盘活等。楼宇能否发挥出最大的效益，关键不在建设而在于运营。因此，某种意义上说，楼宇的运营管理是楼宇经济发展的“底板”。要使楼宇经济发挥出更多、更大的品牌效益，必须加固这个“底板”，而能让这个“底板”更牢固的，是一家家专业的物业管理公司和楼宇运营商。**要高标准夯实“品牌基石”。**随着社会生产力的持续发展，人们的消费期待已逐渐从过去的“价优者得”转为如今的“质优者得”，甚至“品优者得”。品质的高低、品牌的强弱深刻影响着消费者的选择。就楼宇经济发展而言，如何为入驻企业提供品牌楼宇？如何为业主提供品牌物管？是一个值得研究和着力的主题。楼宇的建设者和楼宇的运营方作为市场经济活动的主要参与者、供给侧改革的主力军，要践行“工匠精神”，培育“工匠文化”，要对标最高标准、对号最好水平，不断打磨品牌、升级质量，为品牌成长“固本”“强基”。要对辖区内楼宇的物业管理进行规范，促其提升管理、服务水平。**要高水平提升“品牌价值”**。中共“十九大”报告指出，我国社会主要矛盾已经转化为人民日益增长的美好生活需要和不平衡不充分的发展之间的矛盾。这就意味着人们的消费需求逐渐从满足温饱转变为追求品质。需求升级带动价值创造，价值创造引领需求升级。要加强楼宇品牌建设，提升楼宇品牌、物业管理品牌的“知名度”和“含金量”，满足人们多样化、个性化的消费需求，以推动楼宇经济高质量发展。**要高水准讲好“品牌故事”**。在西方语言中，“城市”（city）和“文明”（civilization）有着共同的拉丁文语源，这当然并非巧合。某种意义上说，城市也是由一个个故事构成的，正是“小城故事”中那些小人物、小故事的组合，造就了整个城市的精彩。当然，城市不同，文化就不同，故事也不一样。而楼宇作为承载城市文化的载体，楼宇经济发展要想走出同质化竞争的困境，点亮自我特色，就要注重楼宇文化的营造，在品牌楼宇的打造中注入差异化的品牌性格、植入深厚的文化底蕴，让品牌文化成为自己的独特标识，讲好楼宇经济的“品牌故事”。

中国楼宇经济发展水平评价报告（2017）

《中国楼宇经济发展水平评价报告（2017）》以“高质量发展”为理念，根据楼宇经济发展水平评价指标体系，采用 2016 年度相关数据，对 19 个副省级以上城市、12 个地级城市以及 50 个典型城区的楼宇经济发展水平进行评价，以期为地方政府发展楼宇经济提供参考。

中国楼宇经济发展水平评价报告
（2017）

中共十九大指出：“我国经济发展从高速增长阶段转向高质量发展阶段”，中共中央经济工作会议指出，“推动高质量发展是当前和今后一个时期确定发展思路、制定经济政策、实施宏观调控的根本要求”“必须加快形成推动高质量发展的指标体系、政策体系、标准体系、统计体系、绩效评价、政绩考核，创建和完善制度环境，推动我国经济在实现高质量发展上不断取得新进展”。我们根据中共十九大、中共中央经济工作会议精神和《中共中央关于制定国民经济和社会发展第十三个五年规划的建议》《中华人民共和国国民经济和社会发展第十三个五年规划纲要》，对原有的楼宇经济评价指标体系进行了进一步的修改完善，从楼宇的经济效益、社会效益、人文效益、生态效益四个方面，形成了一套新的楼宇经济发展水平评价指标体系（略）。

我们团队依据“中国楼宇经济评价指标体系”，分别对省会城市（副省级城市）、地级城市，以及省会城市（副省级城市）、地级城市的典型城区2016年度的楼宇经济发展状况进行分析研究和综合评价。在此基础上，我们评定了“2017中国楼宇经济十大实力城区”“2017中国楼宇经济十大活力城区”“2017中国楼宇经济十大潜力城区”，并通过相关指标的权重设计，侧重于楼宇“去库存化”、楼宇有机更新等取得的成绩，评出“2017中国楼宇经济创新奖”“2017中国楼宇经济突出贡献奖”及“2017中国活力中央商务区”“2017中国活力商务楼宇”“2017中国活力产业园区”“2017中国品质楼宇物业管理品牌”等。“中国楼宇经济发展评价指标体系”具有以下特点：

（一）注重突出“高质量发展”

中共“十九大”提出的“经济发展由高速增长阶段转向高质量发展阶段”。评价指标体系将高质量发展理念贯穿于对楼宇经济整体评价的全过程，以引导未来的楼宇经济的高质量发展。

（二）注重楼宇的“去库存化”

以2015年底召开的“中共中央经济工作会议”确定的“去产能、去库存、去杠杆、降成本、补短板”五大工作任务为目标，通过评价指标体系的引领，引导地方政府、楼宇企业将工作重心放到化解楼宇的“库存率”、降低楼宇“空置率”、提高楼宇的“贡献率”上来。

（三）注重发展阶段的可比性

针对一二三线城市所处区位、发展模式、发展阶段以及区域内的产业集聚力、政策兑现力的不同，将省会城市（副省级城市）与地级市分别进行横向对比，以突出数据的可比性。

（四）注重楼宇经济发展的创新性

重点关注城区在楼宇经济发展方面的创新性政策、举措以及所带来的效益、影响等。

（五）注重楼宇经济的发展活力

重点关注楼宇经济的发展活力、氛围辐射力、社会影响力以及发展经验的可借鉴性、可复制性等。

《中国楼宇经济发展水平评价》秉持历年所坚持的注重楼宇综合效益的理念，从楼宇的经济效益、社会效益、人文效益、生态效益四个维度，以楼宇发展水平、楼宇管理水平、政府服务水平 3 大指标、9 个二类指标、32 个三类指标所形成的显示性评价指标体系基础上，增加了衡量办公环境的公共 wifi 设置、公共空间设立、公共设施配套、办公空间绿化、办公能耗、楼宇“去化率”等指标，重在营造创新、绿色、共享的办公新理念；重新设置了已建（在建、待建）楼宇规模、已建（在建、待建）楼宇面积等指标的权重，不以楼宇规模、楼宇体量论英雄；淡化了楼宇租金水平、企业属地率等数据分值，以弱化招商引资的概念，避免形成新一轮“恶性竞争”。

《中国楼宇经济发展水平评价》采用 2016 年度的相关数据，对全国 70 多个城区的楼宇经济发展水平进行了系统分析研究，并以“雷达图”形式重点对 31 个城市的 50 个典型城区楼宇经济发展指标进行综合排名，为地方政府了解各地楼宇经济发展水平提供参考。

2017 中国楼宇经济样板城市

上海市　深圳市　杭州市

2017 中国楼宇经济十大活力城市

上海市　深圳市　北京市　杭州市　天津市

广州市　重庆市　青岛市　长沙市　西安市

2017 中国楼宇经济发展十大活力城区

深圳福田区　上海黄浦区　北京海淀区　广州天河区　杭州江干区

南京秦淮区　武汉武昌区　重庆九龙坡区　长沙岳麓区　南昌西湖区

中国楼宇经济发展政策比较

《中国楼宇经济发展政策比较》选取国内楼宇经济发展中具有不同特色的27个城市的40个城区，从奖励门槛、购（租）房、物业管理、楼宇业主、楼宇经营、特色楼宇打造、楼宇改造提升、政府服务等8个方面，对其楼宇经济政策作一简单比较，以供地方政府在制定、完善楼宇经济政策时参考、借鉴。

中国楼宇经济发展政策比较

2017 年，国务院发布《关于扩大对外开放积极利用外资若干措施的通知》(国发【2017】5 号)，明确提出“允许地方政府在法定权限范围内制定出台招商引资优惠政策”“外商投资企业同等适用研发费用加计扣除、高新技术企业、研发中心等优惠政策”“修订《中西部地区外商投资优势产业目录》，扩大中西部地区、东北地区鼓励外商投资产业范围。对符合条件的西部地区鼓励类产业外商投资企业实行企业所得税优惠政策”等意见。国务院《关于加强政务诚信建设的指导意见》要求，“加强招商引资领域政务诚信建设，认真履行依法作出的政策承诺和签订的各类合同、协议，不得以政府换届、相关责任人更替等理由毁约”。《关于扩大对外开放积极利用外资若干措施的通知》是 2014 年底中央政府出台国发【2014】62 号文件之后，国家层面首次明确表示可以出台招商引资优惠政策。这势必促进全国各地招商引资新一轮优惠政策的出台。

本报告从奖励门槛、购（租）房、物业管理、楼宇业主、特色楼宇、楼宇经营、楼宇改造、政府服务等 8 个方面，选取上海、深圳、北京、深圳、杭州、厦门、武汉、青岛、济南、成都、烟台、温州、嘉兴、淮北等国内楼宇经济发展具有一定特色的 27 个城市的 40 个城区，对其出台的楼宇经济政策作一简单比较，便于其他城区在制定、完善楼宇经济政策时参考、借鉴。

一、奖励门槛政策比较

青岛市市北区、济南市槐荫区、厦门市海沧区、深圳市福田区、烟台市芝罘区、温州市瓯海区、嘉兴市南湖区、厦门市思明区、常州市钟楼区、武汉市武昌区、德州市德城区、合肥市包河区、徐州市泉山区、淮北市相山区等城区出台的扶持政策均将楼宇的总建筑面积、商务建筑面积等作为政府扶持楼宇经济的最低准入门槛（见表 1）。

表 1　部分城区楼宇经济奖励门槛政策对比表

城区	奖励门槛政策
青岛市市北区	对年度税收总额超亿元的商务办公楼宇或园区，自持物业的给予开发投资企业或园区运营机构一次性奖励 300 万元，物管公司一次性奖励 30 万元；非自持物业的给予物管公司一次性奖励 50 万元。对当年区级贡献（扣除楼宇或园区内享受政策企业的区级贡献）比上年增长 500 万元以上的自持物业的商务楼宇开发投资企业或园区运营机构给予 200 万元奖励（与亿元楼宇的一次性奖励不重复奖励，可采取就高原则）。
济南市槐荫区	1. 对进驻楼宇且在我区新注册纳税的年度实现区级税收在 100 万元以上 500 万元以下的服务业企业，一次性给予 10 万 ~ 50 万元的资金奖励，区级税收在 500 万元以上的，根据财税的贡献度，给予相应资金奖励； 2. 入驻企业经区申报新入选市级以上重点服务业企业、重点服务业项目或规模以上服务业企业，给予最高不超过 30 万元的一次性发展补助。
厦门市海沧区	1. 凡是从海沧区外新入驻或在海沧区新设立，在上述改造后的楼宇、厂房工商注册、税收登记的总部类楼宇经济项目，12 个月内纳税总额在 10 万元以上的，且以后的计算周期内纳税额保持在 10 万元以上的，自入驻海沧区起前 5 年，视企业当年缴纳税收贡献情况，给予奖励。 2. 品质优的项目“一事一议”，可适当提高奖励标准。 3. 由区外引进或在我区新设立，不入驻由区财政局管理的改造楼宇（厂房）的较大项目，按照“一事一议”办法，参照上述奖励、扶持标准，研究奖励扶持措施。
深圳市福田区	申请扶持政策的商务楼宇建筑面积在 3 万平方米以上，楼宇上年度在本区合计纳税额超过 5000 万元，出租房屋依法办理合同登记（备案）手续。

续表

城区	奖励门槛政策
烟台市芝罘区	1. 芝罘区范围内，单体商务建筑面积 5000 平方米（含）以上的楼宇。 2. 在芝罘区属地工商登记和税务登记的楼宇产权单位、楼宇物业管理企业和楼宇入驻企业。
温州市瓯海区	1. 该楼宇上年度在本区纳税额 1000 万元以上（不包括产权单位在该楼内缴纳的税收和房地产企业的税收）。 2. 楼宇内纯商务办公建筑面积 3000 平方米及以上（不包括产权单位自用的建筑面积）。
嘉兴市南湖区	对新注册或由区外迁入南湖区并入驻本区楼宇经济载体，注册资本达到 1000 万元、2000 万元、5000 万元、1 亿元，且年实缴税收总额分别在 100 万元、200 万元、500 万元、1000 万元以上的现代物流、金融服务、科技服务、信息服务、商务服务等生产性服务业企业，连续 3 年，每年分别给予企业经营者个人 3 万元、6 万元、10 万元、15 万元奖励。对入驻楼宇经济载体，注册资本达到 1000 万元以上的消费性服务业，按上述生产性服务业的条件和标准减半奖励。外资按当年平均汇率折算。房地产业、限制性行业除外。
厦门市思明区	1. 对商务楼宇业主（或物业管理公司）通过招商，新引进企业注册 500 万元人民币以上且在本区纳税的，可按相关的招商引资中介奖励办法给予奖励。 2. 在区域范围内（不含观音山国际商务营运中心区）新投资开发建设的楼宇，商务楼宇（不含商场、酒店、公寓）建筑面积 5000 平方米以上。 3. 商务楼宇用地属招拍挂及没有享受政府特殊的地价优惠的项目。
常州市钟楼区	1. 对区确定的年度重点楼宇及其入驻企业（不含房地产开发、商业零售、餐饮企业），作为楼宇经济培育扶持对象。 2. 对楼宇招商机构或承担招商职责的物业公司，当年新引进年税收 50 万元以上企业，每家奖励 1 万元。
武汉市武昌区	1. 商务楼宇的建筑面积必须达到 1 万平方米以上。 2. 武昌区政府认定的重点楼宇科技园新建立或从外区迁入的，税收由区税务部门征管，年度纳税额在 50 万以上并符合以下任一条件的企业：国内外大型企业集团总部或具有独立法人资格的地区分支机构；从事高新技术及其产品的研究、开发、生产、销售的科技企业；律师、会计事务所、投资公司等从事现代信息咨询服务业的企业。

续表

城区	奖励门槛政策
德州市德城区	辖区内总建筑面积1万平方米及以上并且商务建筑面积6000平方米及以上的商务楼宇、商务建筑面积5000平方米及以上的纯商务楼宇。
合肥市包河区	凡在本区范围内，单体商务（商业）楼宇建筑面积5000平方米以上的开发主体；经营管理商务（商业）楼宇建筑面积在5000平方米以上，在包河区注册纳税并独立核算的物业管理公司（商业管理公司）；符合商务（商业）楼宇招商定位，并在包河区注册纳税的相关企业，均属专项资金扶持范围。
徐州市泉山区	建筑面积3000平方米以上的商务楼宇（不含单体宾馆、商场、酒店、公寓等）及总部型企业，商务楼宇的开发商、招商主体、在本区登记注册且税收归属本区的楼宇企业和物业管理公司或楼宇经营企业。
淮北市相山区	1. 楼宇内纯商务办公建筑面积4000平方米以上（不包括产权单位自用的建筑面积）。 2. 楼宇上年度在区纳税额500万元以上（不包括产权单位在该楼内缴纳的税收和房地产企业的税收）。 3. 经认定的重点商务楼宇内，入驻企业属于同行业或相关行业的比例达到50%以上的（按实际使用面积计算），认定为专业特色楼宇。

二、购（租）房扶持政策比较

北京市海淀区、青岛市市南区、武汉市武昌区、温州市瓯海区、嘉兴市南湖区、徐州市泉山区、昆明市盘龙区、北京市朝阳区、天津市和平区、杭州市下城区、上海市闸北区、成都市成华区、厦门市思明区等为企业入驻品质楼宇、楼宇业主改造提升楼宇品质、企业购（租）办公用房、企业员工购买自住房制订了专门政策（见表2）。

表 2　部分城区楼宇企业购（租）房政策对比表

城区	购租房政策
北京市海淀区	鼓励各类服务载体为科技型企业提供低成本的办公空间。对于为区重点扶持的科技型企业实施租金减让的服务载体，可按照优惠后的实际租金额给予 30% 的补贴，补贴后的租金水平不超过当期市场水平，年度最高补贴金额 200 万元，最多补贴 3 年。
青岛市市南区	1. 鼓励楼宇企业提升楼宇入驻企业品质，对不在本区纳税的企业进行置换，实现楼宇税收增长的，给予置换年度与上一年度区级实得税收增量 30% 的奖励，对因置换企业而产生房租损失的楼宇企业给予补贴。 2. 鼓励提供楼宇商务餐饮配套，对于入驻楼宇内新开办餐饮企业并着重解决楼宇内就餐，连续经营一年以上的，按其一年实际租金一次性给予 30% 的补贴，并连续 3 年按该企业缴纳的区级实得税收分别给予 100%、70%、50% 的奖励。 3. 鼓励楼宇企业改造提升正在使用楼宇的智能化水平，对进行智能化改造的前五名楼宇企业，经市建委评估后达到国家建筑智能化三星级的给予 10 万元的房租补贴，达到四星级的给予 15 万元的房租补贴，达到五星级的给予 20 万元的房租补贴。本条所述奖励资金，在通过市建委评估达到相应等级后兑现 50%，剩余 50% 待达到等级后一个完整税收年度的税收超过改造前一个税收年度后给予兑现。
武汉市武昌区	1. 对在园区内租用经营、办公用房的企业，经区科技局核准后，两年内给予企业 200 平方米以内按租金的 30%~50% 进行补贴，补贴资金视纳税进度按季度拨付。 2. 对在园区内购买经营、办公用房的企业，用专项资金进行奖励。专项奖励资金按企业上缴区级税收所得部分第一年的 70%，后两年的 40% 确定。
温州市瓯海区	经认定的重点商务楼宇，在区内纳税额首次达到 2000 万元以上、5000 万元以上和 1 亿元以上，且楼宇入驻企业对其服务质量满意度较高的，对楼宇业主（或经营管理单位）分别一次性给予 20 万元、50 万元和 100 万元的奖励；对税收 1 亿元以上的楼宇，税收每增加 1 亿元增加奖励 100 万元。对于入驻重点商务楼宇的纳税大户，可以“一事一议”适当给予租金补助等奖励。

续表

城区	购租房政策
嘉兴市南湖区	对总部企业实行办公房补贴。经认定的总部企业，自注册之日起，一年内对其购置、自建自用的（不包括附属和配套用房），按建筑物办公用途部分的建筑面积计算，按每平方米 1000 元给予一次性购房款按该企业税收区得部分进行抵扣，最高抵扣金额不高于 100 万元。对经认定的总部企业，租用办公用房的（不包括附属和配套用房），自注册之日起，3 年内每年按房屋租金的 30% 给予该企业税收区得部分进行抵扣，每年单位面积抵扣最高 25 元 / 月 / 平方米，抵扣面积不超过 1000 平方米，享受补贴期间办公房不得对外租售。
徐州市泉山区	1. 设立总部经济发展专项扶持基金，主要用于总部型企业的用房补助、贷款贴息、无偿扶持。 2. 总部型企业在本区购置楼房自用建筑面积 200 平方米以上的，按其上年度上缴税金地方留成部分的 20%~30% 给予一次性购房补助。
昆明市盘龙区	对新入驻并纳税满一年的商务楼宇企业，其购买、租用的商务楼建筑面积在 200 平方米以上的，给予每平方米 10 元的一次性物业管理补助费。新入驻并纳税满 1 年的商务楼宇企业，按照其注册资本的不同而给予相应的一次性物业管理费补助。
北京市朝阳区	留学人员企业第一年可免费使用建筑面积为 60 平方米的办公科研用房，第二年按 40%收取房租，第三年按 70%收取房租。提供留学人员公寓，并给予低于市价 10%的租金优惠。
天津市和平区	总部企业、分行级以上银行自建、购买并用于自主办公使用的独幢楼，对项目投资主体给予不超过 100 万元的资金扶持。
杭州市下城区	1. 对新设立的跨国公司地区总部、国内大企业（集团）总部，当年在本区购买自用办公房，按购房价的 1.5% 给予资助，最高不超过 200 万元。 2. 对新引进的总部企业，当年实现的增加值、营业收入、利润总额等形成的地方财力在 300 万元以上，按每月 30 元 / 平方米的标准给予租房补贴，最高不超过 50 万元。
上海市闸北区	凡在“不夜城”地区租、购闸北区所规定的内、外销办公楼宇，并开设经营性经济实体的内、外资企业，区政府根据企业的经营情况给予基金扶持。

续表

城区	购租房政策
成都市成华区	对符合专业楼宇要求的入驻企业给予 15 元 / 平方米 / 月的租金补贴，补贴期限为 1 年，单个企业最高不超过 10 万元。
厦门市思明区	区外新引进的总部型企业，在纯商务楼宇新租用自用办公用房（租赁合同期在 5 年以上）并实际入驻办公的，自获得总部型企业认定当年起 3 年内，年地方级财力贡献 300 万元及以上的年度可给予 20 万元租金补贴，但不超过年度实际支付租金。

三、物业管理扶持政策比较

青岛市市北区、嘉兴市南湖区、烟台市芝罘区、重庆市渝中区、潍坊市奎文区、长沙市天心区、常州市钟楼区、徐州市泉山区、合肥市蜀山区、青岛市市南区、深圳市福田区、洛阳市涧西区、德州市德城区、天津市和平区、合肥市包河区、天津市北辰区、杭州市下城区、杭州市萧山区、宁波市北仑区、常州市天宁区、长沙市芙蓉区、厦门市思明区等都制订了针对楼宇物业管理企业的政策，引导物业企业加强楼宇管理，并将楼宇的物业管理水平、楼宇企业的“入住率”作为奖励的门槛标准（见表 3）。

表 3　部分城区楼宇经济物业经营管理政策对比表

城区	物业经营管理政策
青岛市市北区	对经相关部门认定，获得“全国物业管理示范大厦”“山东省优秀物业管理大厦”“青岛市优秀物业管理大厦”称号的商务办公楼宇，分别给予物管公司 10 万元、8 万元、5 万元的一次性奖励。
嘉兴市南湖区	鼓励楼宇聘用国家二级（含）以上资质的物业公司，对受聘的签约两年以上且合同执行满一年的国家一级物业公司、国家二级物业公司分别给予 10 万元、5 万元的一次性奖励。对考评达到或符合品质楼宇要求标准的服务企业分别予以 5 万 ~10 万元的一次性奖励。

续表

城区	物业经营管理政策
烟台市芝罘区	1. 鼓励聘请优质物业管理企业。对聘请国家一级资质物业管理企业进行物业管理达一年及以上的楼宇产权单位，给予20万元的一次性奖励；对聘请国家二级资质物业管理企业进行物业管理达一年及以上的楼宇产权单位，给予10万元的一次性奖励。 2. 鼓励物业管理企业提高管理水平。物业管理企业被评定为国家一级、二级、三级物业管理资质的，根据评定当年在本区范围内托管的商务楼宇数量，按所评资质等级分别给予每幢6万元、4万元、2万元的奖励。物业管理企业提升物业管理资质等级的，按其升级当年在本区范围内托管的商务楼宇数量，给予每幢2万元的奖励。 3. 鼓励物业管理企业提供优质服务。设立“楼宇服务奖”，以楼宇税收总量、税收增幅和单位面积税收贡献度为主要衡量标准，对全区商务楼宇进行年度评定，每年评出10幢“明星楼宇”，给予获奖楼宇物业管理企业3万元的奖励。
重庆市渝中区	1. 对聘请戴德梁行、世邦魏理仕、第一太平戴维斯、仲量联行和高力国际等物业咨询顾问机构（简称“五大行”）、更换资质等级更高的物管企业，且服务期限达5年的，分别奖励业主（或业主委员会）100万元、30万元。原物管企业为“五大行”的除外。 2. 对工商注册与纳税登记在本区且管理我区商务楼宇的物管企业提升资质等级，每升一级奖励30万元。 3. 被评为全国、重庆市物业管理服务优秀示范项目的商用楼宇，分别给予该楼宇物管企业100万元、50万元一次性奖励。 4. 对获评“渝中区五星（四星、三星）级优秀商用楼宇”的（细则另行公布），分别给予30万元、20万元、10万元奖励。业主委员会（或其他自治组织）和物管企业各得奖励的50%。
潍坊市奎文区	针对与楼宇开发主体签订五年以上托管合同的一级、二级资质物业管理企业，经考核满意度达到90%以上，每年按照每万平方米分别给予2万元、1万元奖励。
长沙市天心区	“世界500强”企业中国总部、区域性总部及国内100强企业总部、区域性总部注册入驻本区，且自建或购置办公用房面积2000平方米以上，按300元/平方米的标准给予购房补助，最高不超过300万元。若奖励金额高于受奖企业当年实缴税收区级所得，可分年兑现，兑现期不超过3年，每年兑现奖金以当年实缴税收区级所得为上限。

续表

城区	物业经营管理政策
常州市钟楼区	对年度评定为三星级楼宇的，一次性奖励楼宇招商机构或承担招商职责的物业公司 5 万元。楼宇每上一个星级，另行奖励 5 万元。
徐州市泉山区	1. 对 1 万平方米以上商务楼宇，企业“入住率”90% 以上，积极协助招商引资和协税护税，为入驻企业提供优质服务，入驻企业工商、税务属地登记率达 80%、70%、60% 以上的物业管理公司或楼宇经营企业，结合其所在楼宇创造的区级税收贡献，评选出优秀物业管理公司或楼宇经营企业，分别奖励 3 万元、2 万元、1 万元。 2. 在剔除一次性税收的基础上，对年纳税 1000 万元以上的单幢楼宇，当年实缴区级留成比上年增长 20% 以上，积极协助招商引资和协税护税的，按其实缴区级留成净增额的 5%~10% 奖励给物业管理公司或楼宇经营企业。 3. 在剔除一次性税收的基础上，单幢楼宇当年实缴区级留成在 500 万元、1000 万元以上的，分别奖励该楼宇的物业管理公司或楼宇经营企业 5 万元、10 万元。
合肥市蜀山区	对在本区注册纳税管理商务楼宇面积 10000 平方米以上的、具有国家一级、二级物业管理企业资质的，获得国家、省、市物业管理示范大厦荣誉的，促成入驻企业办理属地纳税实际产生区级分享税收的物业管理企业，每年度组织开展一次评比活动，对前三名的物业管理企业，分别给予 5 万元、3 万元、1 万元的奖励。
青岛市市南区	1. 鼓励国外知名物业管理公司管理本区行政区域内楼宇，并连续 3 年按该物业管理公司缴纳的区级实得税收给予 100% 的奖励。 2. 凡达到国家级管理资质，在本区行政管辖区内管理 3 幢以上楼宇者，一次性给予 2 万的奖励。
深圳市福田区	1. 对重点法人金融机构或经认定的总部企业，给予最高 300 万元的购买或租赁办公用房资助； 2. 对同业集聚度高、税收贡献大的商务楼宇单一产权业主单位，给予最高 150 万元的奖励，税收贡献特别突出的可给予最高 300 万元的奖励，对其物业管理企业给予最高 100 万元奖励。
洛阳市涧西区	对积极支持区政府相关职能部门和配合乡、办事处开展工作且楼宇入驻企业对其服务质量满意度较高的物业管理公司，结合其所在楼宇创造的区级税收贡献大小评出一、二、三等奖，分别奖励 5 万元、3 万元和 1 万元。

续表

城区	物业经营管理政策
德州市德城区	1. 鼓励登记注册并在本区纳税的商务楼宇业主聘请专业物业管理企业。凡聘请国家一级、二级物业管理企业进行物业管理达一年及以上的商务楼宇业主，分别一次性奖励 6 万元、3 万元。 2. 鼓励物业经营企业规范管理现有商务楼宇入驻企业。物业经营企业通过招商，引进企业新登记注册并在本区纳税的，按该引进企业所使用的商务建筑面积给予物业经营企业每平方米 10 元一次性奖励。
天津市和平区	1. 楼宇业主新引进国家二级以上资质且签约时间在两年以上的物业管理公司，给予楼宇业主一次性 5 万元的资金扶持。 2. 国家二级以上资质的物业管理公司在和平区内新开设分公司（独立核算并在和平区内纳税），经营管理楼宇的，连续两年按分公司留区税收 40% 的额度给予资金扶持。
合肥市包河区	1. 对在本区注册纳税的物业管理企业（商业管理公司），在本区管理商务（商业）楼宇面积 1 万平方米以上，获得国家、省、市物业管理示范大厦荣誉的，分别给予 5 万元、3 万元、2 万元的一次性奖励。 2. 对及时提供未属地纳税企业或新入驻企业信息，并积极配合相关部门促成入驻企业办理属地纳税的物业管理企业（商业管理公司），经区商务局和区财政局认定，给予 5000 元的一次性奖励；超过 10 户以上的，给予 1 万元的一次性奖励。每年度组织开展一次“星级物业管理企业（商业管理公司）”评选表彰活动，对为本区楼宇经济发展做出突出贡献的物业管理企业（商业管理公司）给予 3 万元的一次性奖励。
天津市北辰区	鼓励提高服务质量。楼宇业主新聘用国家二级（含）以上资质、签约两年以上且合同执行满一年的物业公司，区财政每年度从楼宇经济发展资金中给予楼宇业主定额奖励。聘用国家一级物业公司的奖励 15 万元，国家二级物业公司的奖励 5 万元。

续表

城区	物业经营管理政策
杭州市下城区	1. 对已入驻本区的物业管理企业，按升级至一级资质当年托管的商务楼宇数，给予每幢 2 万元的一次性奖励。 2. 鼓励引进优质物业管理企业。在新投入使用的商务楼宇中，对引进一级资质的物业管理企业并且托管时间达到三年以上的商务楼宇业主，给予 5 万元的一次性奖励。 3. 以商务楼宇业主或物业管理企业为主，新引进在本区纳税的“世界 500 强”企业地区总部、全国 500 强企业总部、民营 500 强企业总部，每家分别给予引进者 20 万元、10 万元和 5 万元的一次性奖励。
杭州市萧山区	1. 鼓励物业服务企业规范管理。对在物业管理平台创建、管理理念创新、服务质量提升、个性化服务提供、商务楼服务品牌打造中做出重大贡献的物业服务企业，经考核认定，给予 2 万 ~5 万元的奖励，具体办法另行制定。 2. 鼓励登记注册并在本区纳税的商务楼业主聘请专业物业服务企业。凡新聘请一级、二级、三级物业服务企业进行物业服务，并且达一年及以上的商务楼业主，分别给予一次性 6 万元、4 万元和 2 万元奖励。
宁波市北仑区	鼓励高端物业管理企业入驻。开发商和其他业主必须选择二级（含）以上物业服务企业入驻管理物业。对参与物业招标的物业服务企业由主管部门实施资格审查，对参与物业招标、2 年内（以发文之日为准）曾获得省级以上物业管理示范项目的一级资质物业服务企业给予 6 分的加分优惠。入驻的区外物业管理企业必须在我区注册独立核算法人企业。
常州市天宁区	1. 引进一家国外知名品牌物业管理公司、国内一级物业管理公司的，分别奖励招商主体 10 万元、5 万元。 2. 对商务建筑面积 1 万平方米以上的商务楼宇，企业“入住率”90% 以上，入驻企业工商、税务登记率达 95% 以上，积极协助招商引资和协税护税，为入驻企业提供优质服务，企业满意率达 95% 以上的物业管理公司，年度奖励 6 万元。 3. 在剔除一次性税收的基础上，单幢楼宇当年实缴区级税额在 500 万元、1000 万元、1500 万元、2000 万元以上的，分别奖励该楼宇的物业管理公司 5 万元、10 万元、15 万元、20 万元。

续表

城区	物业经营管理政策
长沙市芙蓉区	1. 对商务建筑面积 1 万平方米以上的商务楼宇，企业“入住率”90% 以上，入驻企业工商、税务登记率达 95% 以上，积极协助招商引资和协税护税，为入驻企业提供优质服务，企业满意率达 95% 以上的物业管理公司，年度奖励 6 万元。 2. 在剔除一次性税收的基础上，单幢楼宇当年实缴区级税额在 500 万元、1000 万元、1500 万元、2000 万元以上的，分别奖励该楼宇的物业管理公司 5 万元、10 万元、15 万元、20 万元。
厦门市思明区	1. 物业服务企业达到国家一级管理资质且在本区内管理 2 幢及以上商务楼宇的，一次性给予 1 万元的扶持。 2. 物业服务企业所管理的商务楼宇在本区年纳税总额 3000 万元及以上，比上一年度新增部分分别超过 1000 万元、2000 万元、3000 万元的，且该楼宇“入住率”达到 80% 及以上，分别给予 1 万元、2 万元和 3 万元的扶持。

四、楼宇业主扶持政策比较

济南市槐荫区、厦门市思明区、深圳市福田区、洛阳市西工区、常州市钟楼区、杭州市下城区、合肥市蜀山区、重庆市渝中区、天津市和平区、北京市石景山区、常州市天宁区等注重引导楼宇业主改善软硬环境，通过评选经典楼宇、示范楼宇，提高楼宇的品位和辐射力（见表 4）。

表 4　部分城区对楼宇业主扶持政策对比表

城区	对楼宇业主的扶持政策
济南市槐荫区	1. 新建楼宇开发主体只租不售、自主招商、符合槐荫区产业发展导向且出租率超过 70% 的商务楼宇，给予楼宇建设主体一次性奖励 20 万元。 2. 对引进总部企业或现代服务业企业且企业办公面积达到楼宇可租售面积 80% 以上的商务楼宇，对负责引进的业主单位给予最高 100 万元的一次性奖励。 3. 对新建且自用率 60% 以上的总部办公楼，给予业主最高 50 万元的奖励。

续表

城区	对楼宇业主的扶持政策
厦门市思明区	1. 从新建商务楼宇整幢楼内企业累计创税总额达 2000 万元人民币之年起，5 年内，每年可按整幢商务楼宇内的企业年所创造区级税收的 1% 奖励给楼宇业主（或物业），作为改善楼宇整体环境的费用补助，按实际项目审定支付。 2. 对商务楼宇业主（或物业管理公司）通过招商，新引进企业注册 500 万元人民币以上且在本区纳税的，可按相关的招商引资中介奖励办法给予奖励。 3.2008 年原用途为厂房，经批准用途转为商务楼宇且建筑面积在 3000 平方米及以上的，从按新用途使用当年起三年内有奖励，新引进商务楼宇企业最高可奖励 50 万元。
深圳市福田区	1. 对新引进的现代服务业和总部企业达到一定比例的商务楼宇，可给予业主单位最高 200 万元的奖励。 2. 对新建、改建商务楼宇面向现代服务业和总部企业开展定向招商的，经事先审核备案，可给予业主最高 200 万元的资助。 3. 对同业集聚度高、纳税额高的商务楼宇单一产权业主单位，可给予最高 150 万元的奖励，纳税额特别突出的可给予最高 300 万元的奖励；对物业服务企业可给予最高 100 万元的奖励。
洛阳市西工区	1. 自 2006 年起，区政府将根据楼宇建筑风格、硬件设施、内外环境、物业管理等条件，每年评选出一批经典商务楼。对入选的经典商务楼宇，区政府将免费为其在《洛阳日报》等媒体上进行宣传，并实行统一挂牌管理服务。 2. 对企业“入住率”达到 80% 以上，且同一或相近行业“入住率”达到 60% 以上的商务楼宇，区政府一次性奖励商务楼宇业主 5 万元。
常州市钟楼区	1. 对新入驻楼宇的企业，自其注册起第二个经营年度，全年所有税收达 50 万元以上，按其税收区级财政留成部分，第一年给予全额奖励，第二年给予 50% 奖励。 2. 地区性企业总部（所属独立或非独立分支机构 2 家以上）且全年所有税收 500 万元以上的，自其注册起第二个经营年度，第一年、第二年按其税收区级财政留成部分全额奖励。国内主要商业银行、保险公司、证券公司等金融机构在区内新设立常州地区总部的，一次性奖励 10 万元。

续表

城区	对楼宇业主的扶持政策
杭州市下城区	鼓励楼宇业主参与楼宇经济的发展。实行楼宇业主奖励与企业税收效益挂钩机制。对楼宇业主进行税收总量考核，年末由财政部门根据楼宇内入驻企业税收完成情况对楼宇业主进行奖励。
合肥市蜀山区	对新建成的单体商务楼宇，企业“入住率”分别达75%以上，并在本区注册、经营并产生区级分享税收的，按照新入驻企业当年度形成的区级可用财力，给予管理主体20%的一次性奖励。
重庆市渝中区	1. 对楼宇经营主体引进首次入驻我区的全国性总部、区域性总部企业，经事先备案，按引进企业第一个完整财政年度缴纳增值税、营业税和企业所得税（简称“三税”）区级实得的10%给予一次性补助。 2. 对楼宇经营主体引进首次入驻我区、合同租期达5年以上的国际高端品牌且经营主流产品，经事先备案，开设500平方米以上品牌旗舰店给予300万元一次性奖励，开设品牌专卖店给予100万元一次性奖励。 3. 对楼宇经营主体引进全球零售250强（以国际权威机构发布名单为准）企业开设面积5000平方米以上零售商场，经事先备案，给予100万元一次性奖励。 4. 对税收“亿元楼宇”给予奖励。年“三税”总额达到1亿元的给予20万元奖励，每增加1亿元增加10万元，业主委员会和物业管理服务（简称“物管”）企业各得奖金的50%。主要入驻企业与产权人属同一实际控制人的除外。
天津市和平区	1. 对运营期三年以上的楼宇，每新引进一户地区级以上总部企业、分行级以上银行在和平区注册，给予楼宇实际经营管理单位一次性20万元资金扶持。每新引进一户企业（不含总部企业、银行类企业及房地产企业）在和平区注册，企业注册资金达到200万元（含200万元）以上，且楼宇全部入驻企业留区税收不低于上一年度留区税收，按照该新引进企业第一年留区税收的10%为额度，给予楼宇实际经营管理单位一次性资金扶持，最高不超过10万元。 2. 对运营期三年以上的楼宇，每置换成功一家异地经营企业在和平区注册，且楼宇内全部入驻企业留区税收不低于上一年度留区税收，按照该企业第一年留区税收的20%为额度，或按照该企业一年的租金为额度，给予楼宇实际经营管理单位一次性置换资金扶持，最高不超过10万元。

续表

城区	对楼宇业主的扶持政策
北京市石景山区	自2009年5月1日起，商务楼宇业主引进及区招商部门安排进入的符合CRD主导产业、入驻本楼宇、在石景山区办理工商注册和税务登记（国税、地税）且年度区级财政贡献额在50万元（含）以上的企业，区政府连续两年按入驻企业（单个计算不累计）区财政年度贡献额的10%给予楼宇业主奖励。对于商务楼宇业主引进对区财政贡献突出的重点企业，经区政府批准，根据相关情况可以给予楼宇业主一定的房租补贴。
常州市天宁区	1. 现有楼宇单体建筑面积在5000平方米以上，有专业的物业管理和相应的配套设施，自楼宇内入驻企业属地纳税比例达到90%之年起，楼宇业主可连续三年享受入驻企业属地纳税区级财政留成超上年部分20%的奖励。
	2. 单体建筑面积在10000平方米以上且楼宇业主持有面积5000平方米以上，有专业的物业管理和相应的配套设施的新增楼宇，自楼宇交付使用之年起，入驻企业全部属地纳税，楼宇业主可连续三年享受入驻企业属地纳税区级财政留成超上年部分20%的奖励。

五、楼宇经营扶持政策比较

济南市槐荫区、重庆市渝中区、青岛市市北区、徐州市泉山区、潍坊市奎文区、天津市和平区等都制定了鼓励统一经营楼宇的奖励政策（见表5）。

表5　部分城区鼓励统一经营楼宇扶持政策比较

城区	鼓励统一经营楼宇扶持政策
济南市槐荫区	对业主单位或物业服务企业对楼宇公共设施投资实施更新改造的，可给予实际投资额的20%、最高100万元的资助；对供水、供电、通信等企业主动投资或实施商务楼宇相关设施扩容升级改造的单位企业，可按实际投资额的20%、给予每个项目最高30万元的资助。

续表

城区	鼓励统一经营楼宇扶持政策
重庆市渝中区	1. 对持有建筑面积 20000 平方米以上的同一商用楼宇（其中宾馆、酒店及业主自用部分除外）商业部分产权 80% 以上或商务部分产权 50% 以上并统一出租经营的楼宇业主，自 2014 年起 5 年内，按楼宇新出租且产生税收贡献的面积，每年每平方米给予 30 元补助，并全免租赁登记费。 2. 购买竣工验收 5 年以上的商用楼宇零散产权，达楼宇总商用面积 50% 以上，按购房契税区级实得的 50% 给予投资者补助。 3. 对整合分散产权商用楼宇或特色商业街区的零散产权（使用权）达到总商用面积的 50% 且合同期 5 年以上并统一经营的，自 2014 年起 5 年内，对统一经营者，按其持有部分楼宇所招租的入驻企业年“三税”区级实得部分 10% 给予补助。
青岛市市北区	对商务办公楼宇电梯、停车场等公共设施实施升级改造的，可按实际投资额的 50%，给予投资方最高 300 万元的奖励；对新建立体停车场，有效改善周边商务办公楼宇交通环境的，可按实际投资额的 40%，给予投资方最高 300 万元的奖励；对投资建设员工餐厅等配套设施，达到 300 平方米以上，可给予 10 万元的一次性扶持，达到 500 平方米以上，可给予 20 万元的一次性扶持。
徐州市泉山区	鼓励商务楼宇实施统一经营，对新开发商务楼宇（2 万平方米以上）只租不售的，多业主通过转让收购转为单一业主实施统一经营的，在产生税收后给予单一业主单位最高不超过 50 万元的一次性奖励。
潍坊市奎文区	鼓励商业商务楼宇开发主体自主持有产权，对新建并自主持有 50%、80% 及以上产权的楼宇开发主体，对其租赁收入上缴地税区级留成部分，3 年内每年分别给予 50%、100% 奖励；鼓励创办特色商业商务楼宇，对新建楼宇“入住率”达到 70%，聚集同行业或相近行业 70% 以上的专业特色楼宇，给予经营管理主体 20 万元一次性奖励。
天津市和平区	对新建综合性商务楼宇，楼宇开发主体自主持有产权，自持部分面积超过 10000 平方米，且入驻企业符合产业发展导向的，自楼宇正式经营第二年开始，连续两年按照开发主体留区税收的 30%、20% 为额度给予资金扶持，年度最高扶持金额不超过 100 万元。

六、特色楼宇扶持政策比较

济南市槐荫区、嘉兴市秀洲区、温州市瓯海区、常州市天宁区、烟台市芝罘区、潍坊市奎文区、长沙市天心区、合肥市蜀山区、西安市碑林区、天津市和平区、宁波市江东区、重庆市渝中区等都制定了特色楼宇扶持政策（见表6）。

表 6　部分城区鼓励打造特色楼宇奖励政策比较

城区	特色楼宇奖励政策
济南市槐荫区	1. 对楼宇经营主体引进同一行业形成产业集群，楼宇内企业属于同行业或相关行业的比例达到 70% 以上（按实际出租面积计算）的，给予最高 150 万元的一次性奖励；贡献特别突出的，给予最高 300 万元的一次性奖励。 2. 楼宇税收贡献大，首次超 3000 万元、5000 万元、1 亿元的重点楼宇，一次性分别给予楼宇经营主体 30 万元、50 万元、100 万元的奖励。
嘉兴市秀洲区	对经认定的嘉兴市本级特色楼宇，给予楼宇业主或运营管理企业 20 万元的一次性奖励。对符合创建特色楼宇条件的楼宇，在申请创建当年给予 10 万元的补助，创建达标的再给予 10 万元的一次性奖励。
温州市瓯海区	经认定的重点商务楼宇，楼宇内入驻企业属于同行业或相关行业的比例达到 50% 以上（按实际使用面积计算）的，认定为专业特色楼宇，在享受前款奖励政策的基础上，一次性再给予楼宇业主（或经营管理单位）20 万元的奖励。
常州市天宁区	1. 符合本区产业发展方向、行业高度集中、专业配套完善的特色楼宇，自认定之年起，楼宇业主除享受原有奖励外，可再连续三年享受入驻企业属地纳税区级财政留成超上年部分 10% 的奖励。 2. 入驻特色楼宇且符合特色楼宇产业要求的企业，自特色楼宇认定之年起，除享受原有奖励外，可再连续三年享受其属地纳税区级财政留成超上年部分 10% 的奖励。
烟台市芝罘区	鼓励发展特色楼宇。对 2013 年 1 月 1 日后新形成的特色楼宇，给予所有符合特色业态的产权单位共计 30 万元的一次性奖励，各产权单位根据产权面积，按比例分配奖励资金。

续表

城区	特色楼宇奖励政策
潍坊市奎文区	对新入驻特色商务楼宇、符合特色楼宇发展方向、新注册资金100万元及以上的企业，租用商业商务面积达到500平方米以上的，给予物业管理费第一年等额补助，第二年50%补助；购买办公用房达到500平方米以上的，按实际缴纳契税的50%给予补助。对新入驻特色楼宇的企业，年上缴地方税收50万元及以上的，第一年按其上缴地方税收区级留成部分的50%给予奖励，后两年按其增量的30%给予奖励。
长沙市天心区	新建特色街市营业面积达到1万、2万、3万平方米以上，在竣工投入使用且产生区级所得税收的当年，分别按每条特色街市10万元、20万元、30万元的标准给予实施主体一次性奖励。
合肥市蜀山区	鼓励新建商务楼宇管理主体通过引进同行企业，形成企业集群，打造特色商务楼宇。对符合特色化发展导向，同行企业占入驻企业总数达75%及以上，单体商务建筑面积在1万平方米、2万平方米、3万平方米及以上的特色商务楼宇，一次性给予管理主体5万元奖励。
西安市碑林区	1. 对于特色楼宇积极引进纳税企业，年留区入库税收总额分别达到2000万元以上、3000万元以上、5000万元以上、8000万元以上的，区政府按年分别给予楼宇业主50万元、60万元、70万元、80万元的奖励，奖励期限最长不超过三年。年留区入库税收总额超过1亿元的，区政府将按照一事一议的办法研究制定鼓励政策。凡由区政府有关部门引进、已享受优惠鼓励政策的企业所缴纳税额，不计入楼宇缴纳区级税收范围之内。 2. 对于特色楼宇引进现代服务业、高新技术产业、文化创意产业、房地产业等符合本区产业发展方向和特色楼宇定位的企业、区域总部和结算中心的，根据企业规模给予楼宇业主租金补贴。补贴标准为：租赁面积分别达到300平方米、500平方米和800平方米的，分别按照新引进企业房租的20%、30%和40%给予租金补贴。补贴期限最长不超过三年。 3. 对特色楼宇中将税收关系转入本区且年留区财力在30万元以上100万元以下的企业，自本办法开始生效之日起，第一年转入的将其当年留区财力的50%、第二年转入的将其当年留区财力的30%、第三年转入的将其当年留区财力的10%奖励入驻企业；对将税收关系转入碑林区、年留区财力超过100万元的企业，区政府将按照一事一议的办法研究制定鼓励政策。

续表

城区	特色楼宇奖励政策
天津市和平区	对运营期三年以上的楼宇，经区服务业领导小组认定为专业、特色楼宇，给予楼宇实际经营管理单位一次性5万元资金扶持。专业、特色楼宇每新引进一户专业、特色企业（不含总部企业、银行类企业及房地产企业）在和平区注册，且楼宇内全部入驻企业留区税收不低于上一年度留区税收，按照该企业第一年留区税收的20%为额度，给予楼宇实际经营管理单位一次性资金扶持，最高不超过10万元。
宁波市江东区	鼓励商务楼宇招商主体通过引进同行企业，形成企业集群，打造特色商务楼宇。对符合特色化发展导向，同行企业“入住率”达70%及以上，单体商务建筑面积在1万平方米、2万平方米、3万平方米及以上的特色商务楼宇，一次性分别给予招商主体3万元、6万元、9万元专项经费，作为改善楼宇整体环境的费用补助。
重庆市渝中区	被认定为特色商务楼宇、特色商业街区的商务楼宇或商业街区（细则另行公布），给予楼宇或街区经营主体一次性奖励20万元。特色商务楼宇（或商业街区）主导产业（或行业）符合所在产业集聚区域主要发展方向的，则奖励上浮为30万元。

七、楼宇改造提升扶持政策比较

厦门市海沧区、宁波市海曙区、烟台市芝罘区、嘉兴市南湖区、徐州市泉山区、天津市北辰区、重庆市渝中区等都制定了扶持楼宇改造提升的政策（见表7）。

表 7　部分城区对楼宇实施改造提升的奖励政策比较

城区	对楼宇实施改造提升的奖励政策
厦门市海沧区	1. 企业法人或自然人利用海沧区范围内自有闲置楼宇或厂房，或者运营商租赁海沧区范围内闲置楼宇或厂房，进行改造后用于总部类楼宇经济项目招商，符合以下条件并报经区政府批准同意的，给予300元/平方米改造装修补助。（1）闲置的楼宇或厂房权属清楚，且2014年以后通过“招拍挂”取得用地的项目不纳入改造范围。（2）企业、运营商以及入驻的项目必须在我区登记注册并缴纳税收。（3）单幢或连片改造面积达到5000平方米（含）以上。（4）在两年内招商入住率达80%（含）以上，且原则上入驻企业数量20户/万平方米（含）以上或区级税收达到300万元/万平方米（含）以上。每个楼宇、厂房改造项目补助、奖励金额最高可达600万元。（5）品质优的项目“一事一议”。 2. 装修改造后五年内，根据楼宇（厂房）招商入驻情况，给予业主或运营商适当奖励。
宁波市海曙区	1. 鼓励业主集中楼宇产权或使用权开展提升改造工作，对集中产权和使用权后实施改造的业主，达到改造要求的，对其租赁和收购行为产生税收区级财力部分按一定比例予以奖励；对牵头组织实施楼宇改造的业主，达到改造要求的，给予最高不超过20万元资金奖励。 2. 鼓励业主集中楼宇产权或使用权开展提升改造工作，对集中产权和使用权后实施改造的业主，达到改造要求的，对其租赁和收购行为产生税收区级财力部分按一定比例予以奖励。 3. 鼓励提高商务楼宇管理水平。楼宇更新改造后，业主聘请国家一级物业管理企业及相当资质的境外同类企业进行高品质楼宇物业管理的，一次性给予业主5万元奖励。
烟台市芝罘区	鼓励楼宇改造升级。对商务楼宇实施整体更新改造的投资主体，实际投资额在100万元（含）以上、2000万元以下的项目，按照实际投资额的2%比例给予一次性奖励；实际投资额在2000万元（含）以上的项目，给予50万元的一次性奖励。
嘉兴市南湖区	鼓励改善楼宇经济载体公共配套设施。对经服务业产业部门批准或备案，以及竣工验收的楼宇经济载体公共配套设施改造的提升改造项目，投资额在50万元以上，按实际审计投资额的10%以内进行补助，最高不超过50万元。

续表

城区	对楼宇实施改造提升的奖励政策
徐州市泉山区	鼓励楼宇经营企业改造提升楼宇智能化水平，为楼宇入驻企业提供优质高效服务，积极协助本区招商引资。在剔除一次性税收的基础上，对楼宇年度税收总额超 5000 万元、2000 万元、1000 万元的楼宇经营企业或物业管理企业分别给予 10 万元、4 万元、2 万元的奖励。
天津市北辰区	鼓励楼宇提升改造。支持楼宇业主将经营业态转换为商务楼宇，改造提升楼宇办公环境和智能化水平。对列入提升改造计划的楼宇，综合考虑其税收贡献和提升改造费用额度，由区财政安排专项资金进行补贴，每年单体楼宇补贴资金不超过 100 万元。
重庆市渝中区	1. 对竣工验收合格并投入使用 5 年以上、建筑面积 5000 平方米以上的商用楼宇进行更新改造，经事先备案，给予投资主体不超过 2000 万元一次性补贴，补贴标准为：投资总额 1000 万元（含）以下部分 20%、1000 万 ~ 3000 万元（含）部分 25%、3000 万 ~ 5000 万元（含）部分 30%、5000 万元以上部分 35%。商务楼宇补贴范围为停车库、员工餐厅、电梯、消防、智能化、公共区域和公共设施设备，以及外立面、楼宇间连廊等方面；商业楼宇补贴范围为停车库、电梯、消防、外立面、楼宇间连廊。实施更新改造并通过“5A 智能化楼宇”认定的项目，对投资主体额外给予 100 万元一次性鼓励。 2. 对牵头改造产权分散楼宇的组织者，按实际投资额的 3%，最高不超过 50 万元给予一次性奖励。项目组织者与投资者属同一实际控制人的除外。

八、政府服务政策比较

嘉兴市南湖区、南京市秦淮区、青岛市市南区、上海市徐汇区、厦门市思明区、洛阳市西工区、天津市和平区、德州市德城区、昆明市盘龙区、深圳市福田区、长沙市芙蓉区、青岛市市北区、北京市朝阳区、北京市大兴区、北京市石景山区、杭州市下城区、上海市闸北区等都注重政府在楼宇经济中发展的服务角色、服务模式、服务手段，以期为楼宇企业、物业、业主提供便捷、效能、个性服务，努力扮演“服务型政府”角色（见表8）。

表8 部分城区楼宇经济地方政府服务政策对比表

城区	地方政府服务政策
嘉兴市南湖区	1. 对列入“三个一批”楼宇名录的商务楼宇投资主体完善停车等设施建设，经认定按其投资额的20%给予一次性补助，单幢楼宇的补助总额最高不超过50万元。对实现“五进楼宇”建设楼宇社区服务中心等服务机构的，按相应项目实际投资额的30%给予资助，单个项目资助总额最高不超过20万元。 2. 对市区街道（含镇、平台）楼宇工作绩效实行考核，设一等奖1个、二等奖2个、三等奖3个，分别给予10万元、8万元和5万元奖励。开展“楼宇服务示范社区”评比，每年评选10家，对入选“楼宇服务示范社区”的单位给予5万元奖励。
南京市秦淮区	1. 涉及获得授牌的商务楼宇和都市工业园中入驻企业的各类规费一律按下限收取。指定专人为企业跟踪服务，对协助引进企业的部门原则上两个年度内不低于留成财力的20%保底兑现。 2. 对辖区内的楼宇、厂房等建筑进行一次全面的调查摸底，彻底弄清所有商务楼宇、闲置房产的基本情况。把对辖区内楼宇经济发展状况调查作为一项日常工作，坚持动态管理和统计，按时填报统计报表。
青岛市市南区	1. 加强与楼宇企业的联系，引导楼宇推介市场，设立发展楼宇经济专用站点，构建便捷的楼宇租售信息网络，带动商业地产租售中介市场，进一步提高楼宇“入住率”。 2. 定期联系走访楼宇企业，协调解决在楼宇规划、楼宇建设、招商引资等方面遇到的各类困难，在楼宇密集区域，着重解决静态交通压力，加快培育楼宇餐饮服务企业，推进绿色“楼宇午餐”工程。 3. 充分发挥服务作用，提高工作效率，协助入驻企业做好项目调研、选址落户、注册登记、开业准备等服务工作。 4. 加快市政基础设施建设，完善楼宇停车场、商务餐饮、商务会展、商务娱乐休闲等商业、文化、生活配套服务设施，创造良好的商务环境。

续表

城区	地方政府服务政策
上海市徐汇区	1. 坚持流程再造的客户导向、社会导向，将人性化服务贯彻到政策的落实中，建立服务企业制度，推进告知承诺的网上并联审批，简化手续，提高办事效率，为重点企业开辟“绿色通道”，急事急办，对入驻商务楼的企业提供优质服务，从而在整体上提高楼宇入驻企业的满意度。 2. 在区招商中心内建立全区商务楼宇资源信息平台。区招商中心主动收集楼宇的各类资源信息，并负责资源信息的徽记、整理、发布和动态管理，充分发挥楼宇资源效应，实现资源共享。区政府有关部门和街道、镇积极配合做好资源收集工作，并定期向区招商中心报送相关信息。 3. 充分发挥区域内教育、卫生等社会资源的优势，为入驻本区楼宇并纳税在本区的企业提供优质的社会事业服务。 4. 建立区和街道、镇两级招商人员的培训制度，定时间、定内容、定要求，加强系统培训，不断提高本区招商队伍的整体水平和政策的执行力。 5. 区招商中心定期编制本区《投资指南》，以指导全区、各行业的招商引资工作。
厦门市思明区	1. 不定期召开政府相关部门领导联席会议。协调处理重大楼宇招商项目，分析全区楼宇经济发展状况，协调解决楼宇经济发展中出现的问题和困难，研究部署年度及阶段性发展目标和任务。 2. 建立区领导挂钩楼宇机制，实行高位协调。通过与楼宇开发商、物业管理单位建立沟通机制，帮助其解决实际困难，建立良好的合作伙伴关系。 3. 建立商务楼宇联络员制度。各街道确定专门联络人员，负责辖区的商务楼宇尤其是重点商务楼宇的政策宣传、数据收集以及情况反馈；对新建商务楼宇“入住率”达不到30%，要设立临时性服务窗口，派驻专人实行“一门受理、限期办结、一条龙服务”。区发改局、财政局、招商局确定人员负责沟通信息，建立区级联络网络。严禁部门与街道办事处、部门与部门、街道办事处与街道办事处之间相互抢招商指标。 4. 建设“楼宇经济数字管理系统”。构建区、街、楼宇多层面信息体系，为区、街道提供适时、准确的决策依据；为商务楼宇企业、楼宇物业经营企业提供便捷、周全的资讯服务。

城区	地方政府服务政策
洛阳市西工区	执行"首次不罚""收罚从低限""过罚相当"等规定，严格坚持企业"安静生产日"制度，每月1—25日，除安全检查、税收征管、环境监测和纪检、公检法办理违法违纪案件调查外，各行政执法单位禁止对经典商务楼进行检查、评比、收费、罚款等。"安静生产日"之外或确因需要必须在"安静生产日"到企业进行检查、收费、罚款，以及党政机关和挂靠党政机关的社团组织对企业人员办班、培训的，必须填写《行政执法（培训）备案审批表》，经执法单位主管领导签署意见，报区减负办备案审批后，方可进行。
天津市和平区	1. 对纳入本区服务范围内的楼宇提供以下服务：每季度更新楼宇信息数据库，实施楼宇信息动态管理；建立楼宇工作联谊会议制度，搭建信息沟通平台，协调解决相关问题；由区合作交流办、区行政许可中心负责，对入驻楼宇企业注册实行领办制、重点企业实行代办制，协调解决入驻企业各类问题；充分利用和平政务网、和平有线、《今日和平》等区内、外媒体，加大对楼宇的宣传力度。 2. 对全部税收超亿元、楼内90%以上企业均在本区注册纳税、税收增幅排名前三位的楼宇、专业特色楼宇，由区委、区政府给予命名，并作为和平区重点企业纳入服务范围，为楼宇实际经营管理单位高级管理人员子女就学提供便利，为楼宇实际经营管理单位提供人事代理等服务。
德州市德城区	1. 加大对新开发商务楼宇的服务力度。加强与市区有关部门及周边居民的协调能力，协助做好地块拆迁安置工作，为加快楼宇的开发建设积极创造条件，营造良好的服务环境。 2. 在新开盘商务楼宇设立综合服务窗口。由各社区（部门）临时配备2名服务人员，综合受理入驻企业的各项手续，实现"一门受理、内部运作、限期办结"。 3. 建立商务楼宇联络员制度。各社区（部门）指派一名联络员联系各商务楼宇，负责对该商务楼宇的政策宣传、数据收集以及情况反馈；建立联席会议制度，定期举办商务楼宇企业联席会议，内容包括政企互动、政策宣讲以及各种培训座谈等；建设"楼宇经济数字管理系统"。构建多层面信息体系，为商务楼宇企业、商务楼宇物业经营企业提供方便、快捷、全面的资讯服务。

续表

城区	地方政府服务政策
昆明市盘龙区	对新落户本区的“世界500强”、国内500强企业总部，金融类企业分行以上和地区级以上总部，采取“特事特办”“一事一议”的方法，制定鼓励政策。凡在本区新登记注册纳税的商务楼宇招商企业、楼宇入驻企业，其登记注册过程中发生的所有行政事业性收费实行全额补助。
深圳市福田区	1. 加大人才引进、人才住房、教育、医疗等配套服务力度，支持现代服务业和总部企业申报区市杰出人才、高层次人才认定。 2. 加快人才住房建设进度，每年向现代服务业和总部企业提供900套。 3. 设立福田区特别保健中心，为服务经济相关企业的高端人才提供就医保健优质服务。
长沙市芙蓉区	1. 对商务建筑面积1万平方米以上的商务楼宇，企业“入住率”90%以上，入驻企业工商、税务登记率达95%以上，积极协助招商引资和协税护税，为入驻企业提供优质服务，企业满意率达95%以上的物业管理公司，年度奖励6万元。 2. 在剔除一次性税收的基础上，单幢楼宇当年实缴区级税收在500万元、1000万元、1500万元、2000万元以上的，分别奖励该楼宇的物业管理公司5万、10万、15万、20万元。
青岛市市北区	对积极配合完成楼宇及入驻企业信息统计工作，协助区政府开展招商引资及协税工作且楼宇入驻企业对其服务质量满意度较高的物管公司，年终由区物业办会同区招商促进委员会办公室组织“优秀商务办公楼宇物管公司”评比，设置一等奖一名、二等奖三名、三等奖五名，分别给予15万元、10万元和5万元的奖励。
北京市朝阳区	1. 创办企业的留学人员子女上学，可任意选择朝阳区教育委员会所属名校就读，不收取教育法规规定以外的任何费用。 2. 由朝阳区人民政府出资引导设立的机构，可采用借款或股权投资等方式支持留学人员在望京创业园创业。 3. 共建办公室根据留学人员企业的需要，可及时为留学人员企业举办专场政府采购项目洽谈会。

续表

城区	地方政府服务政策
北京市大兴区	1. 设立大兴区产业集聚区发展专项资金，用于支持产业集聚区基础设施建设和产业发展。 2. 上一年度对区财政贡献在500万元人民币以上的企业，经区发改委审核，报区政府批准，认定为区重点企业。 3. 发挥区域教育资源优势，为重点企业高级管理人员和高级专业技术人员子女在大兴区幼儿园及中小学入园、入学提供便利。 4. 为重点企业的员工提供档案管理、职称评审、素质测评等人才服务。为符合条件的应届毕业生优先办理相关接收手续，为符合条件的高级管理人员和高级专业技术人员优先办理人才引进和《北京市工作居住证》。 5. 重点企业的高级管理人员和高级专业技术人员在本辖区内医疗机构就医提供便利。 6. 为重点企业办理养老、失业、工伤、生育和基本医疗保险提供便利。 7. 鼓励孵化器对在孵企业进行投资。对孵化器投资的项目申请开发区科技创新专项资金项目的，给予优先支持；申报科技部、北京市等科技项目的，给予优先推荐。
北京市石景山区	1. 区委宣传部、市政管委、招商办等部门利用掌握的媒体资源免费为商务楼宇进行宣传、推介。 2. 区政府支持组建石景山区不动产商会或协会，促进行业自律、规范发展。
杭州市下城区	1. 街道对辖区内楼宇提供全方位的服务，为楼宇及入驻企业创造良好的创业环境，并同楼宇建立紧密协作、互相支持、共同发展的合作关系；同楼宇一起共同做好对入驻企业的服务工作。街道利用各种平台宣传推荐辖区楼宇资源，全力引进优质企业入驻辖区楼宇，并在城管、消防、交通、卫生、治安、文明单位评选等方面为辖区楼宇提供大力支持和帮助。 2. 对入驻楼宇的优质现代服务业企业，街道按“一企一策”原则，在该企业产生的地方财政收入中以财政扶持、房租补贴等各种形式，帮助企业发展，降低入驻楼宇企业的商务成本，帮助楼宇留住优质企业。

续表

城区	地方政府服务政策
上海市闸北区	1. 对在发展闸北区域经济中做出重大经济贡献的外商投资和非区属中资企业，可领取区政府颁发的特别服务卡，有关户口进沪、子女就读等方面享受优先、优惠照顾。 2. 凡对重点招商项目进行投资的各类企业，均可享受“一事一议”的政府扶持和优惠。

中国楼宇经济典型城区发展实践报告

《中国楼宇经济典型城区发展实践报告》重点以广州、杭州、南昌、邢台等城市楼宇经济发展特色城区为案例，从建设现代国际商贸中心、推进楼宇经济转型升级、商务楼宇招商、村级工业园更新改造、冀中南城市楼宇经济引领区发展等不同角度，对楼宇经济发展进行了深入的实证研究，展现了各地楼宇经济发展的新特色、新亮点和新经验，为其他城区的楼宇经济发展提供了可资借鉴的经验。

杭州建设现代国际商贸中心的构想与对策

陈 玮*

当前，在全球网络化和数字化背景下，商贸需求呈现多元化、差异化趋势。在市第十二次党代会上，我市商务发展的目标明确定位为“把杭州建设成为融合线上线下、联通世界、服务全球的国际重要商贸中心”。因此，大力创新与构建符合现代城市发展趋势，彰显现代城市发展特色，提升现代城市综合竞争力的现代国际商贸中心，已成为杭州建设独具韵味、别样精彩的世界名城的重要内容和应有之义。

一、杭州建设现代国际商贸中心的重要意义

分析当今海内外商贸中心案例，可以看出建设现代商贸中心必须具备以下诸个要素：**一是持续的城市商贸创新能力**。应拥有将新知识、新技术转化为商业新业态和新服务的能力，其核心是促进商业创新机构间的互动和联系，表现为对区域社会经济系统的贡献能力。比如法国巴黎作为世界时尚之都的基石为“卓越的创意”，时尚创意人才汇聚巴黎，为巴黎的时尚商业提供可持续智力支持。**二是强大的商贸集聚辐射功能**。现代国际商贸中心应具有享誉全球的商业大街、商业中心，集聚著名商业企业、汇聚高端消费品牌、闻名的品牌活动和繁荣的消费市场，以实现全球化的消费辐射。**三是完善的商贸营销体系**。建设现代国际商贸中心不仅要有本土生成的知名跨国公司，还要集聚全

* 作者系杭州市人民政府副秘书长。

球知名的跨国公司区域总部及全球知名CEO精英群体，要有向全球市场直接输出或转口输出等产能消化能力，具有吸引国际最终消费的潜力。**四是开放的商贸营商环境**。建设现代商贸中心城市，需要有开放的商贸环境，在营造氛围、促销活动和配套功能上给予商贸功能区、集聚区、特色街、商业楼宇等全方位支持，能够广范围地汇聚多层次、多元化商务事务活动和商品交易活动。开放的城市商贸环境可以为不同文化、经济及社会背景的商业企业提供安全、舒适、便捷的商务活动环境和规范、透明、简便的商务政策环境。**五是融合的线上线下商贸格局**。互联网和电子商务的兴起，信息技术与传统商贸愈加密不可分，使得商贸的广度和深度日益拓展深入。线上线下深度融合将成为现代商贸中心城市的必备要素。纯电商面临流量红利衰竭的窘境，而线下传统的供应链体系需要嫁接更高效先进的互联网技术推动转型提效，电商与实体零售正从对立走向融合，线上线下融合的"新零售"业态有望成为互联网时代下商贸变革的主要方向。**六是集聚的贸易资源全球视野**。随着互联网和大数据的兴起，资源要素在电商交易平台上快速集聚和叠加，通过功能服务赋能企业发展，现代商贸中心的全球化特征更加明显，网络化趋势加快，国际贸易空间和时间依托数字枢纽和数据赋能，形成新的交易习惯，输出新的商业模式，制定新的贸易标准，达成新的贸易规则，推动全球贸易链、供应链和价值链重塑。

从全球来看，国际商贸中心正出现多元化、特色化和数字化的发展趋势。根据科尔尼所发布的2017年全球城市排行榜来看，那些具有很高知名度与美誉度的传统国际商贸中心，比如纽约、巴黎、东京、香港、上海等国际都市一直以来都保持着领先优势以及较高的商业活力，同时一批新兴的、独具特色的地区性现代国际商贸中心正在迅速成长，比如旧金山、墨尔本以及迪拜等。这些国际商贸中心城市商贸主体、商贸产业、配套服务业密集聚合，以大量的商流、物流、资金流、人流和信息流等为主要内容，形成了以交易为主要特征的国际经济活动中心，这些城市的发展路径对杭州建设现代商贸中心具有重要借鉴意义。

杭州建设一流的现代国际商贸中心，有以下重要意义：

（一）健全城市功能，提升城市能级

杭州作为长江三角洲南翼重要城市和省会城市，已经具备建设现代商贸中心的良好条件，服务功能、辐射能力、带动效应都还有待进一步增强，必须进一步深化推进现代商贸中心建设，依托“一带一路”发展战略和阿里巴巴等名企效应，充分运用互联网、大数据、云计算等数字技术，全面强化现代物流、国际贸易、会议展览、商务服务、休闲旅游等现代商贸要素，全面提升杭州城市能级、档次和品位，高水平推进现代商贸中心建设。

（二）推进双向交流，扩大国际影响

繁荣繁华要依托商贸，便民利民要依靠商贸，国际交往离不开商贸。要打响本土的、民族的、特色的、文化的商品，把精品呈现展示给五湖四海的消费者，让世界记住杭州，让世界各地的消费者来杭州消费，从而实现商品的集聚、人才的集聚、资金的集聚、消费的集聚。阿里巴巴是杭州的金名片，它以领先于全球的“互联网”商贸发展思维而享誉全球，增添了杭州建设商贸中心的时代感和现代元素。

（三）提升消费动力，促进内需增长

推进现代商贸中心建设需要通过建设畅通高效的商品流通和服务体系，可以有效降低社会物流成本，提高经济运行效率，促进商贸繁荣。同时，将不断提升杭州辐射能力，进一步拓宽消费区域和消费群体，激发潜在需求，促进城市经济保持强劲发展动力。

（四）促进创业创新，推动产业升级

随着信息技术的飞速发展，传统商业正面临着巨大的挑战，实体商场销售额都出现了不同程度的降幅，转型升级迫在眉睫。建设现代城市商贸中心，能够依托杭州领先于全球的数字化商业技术，有效促进杭州各产业链尤其是商贸企业转型，积极推动传统商贸企业转型和上游产业结构升级，为杭州社会经济发展提供强劲支撑。

二、杭州建设现代商贸中心的现实基础与独特优势

（一）现实基础

一是商贸规模持续扩大。杭州是全国第10个“万亿元GDP”城市，2016年，全市实现生产总值11050.49亿元。全年实现社会消费品零售总额5176.20亿元，其中批零业实现社零额4635.71亿元，全年实现网络零售总额3445.65亿元。**二是商业设施渐趋完善。**截至2016年底，全市主要业态商业总面积达到1786万平方米，每万人拥有商业面积达1.9万平方米。其中商品专业市场270家，亿元市场167家；已开业的4万平方米以上的商贸综合体56家，在建商贸综合体35家；市级以上商业特色街18条，其中国字号特色街8条。已初步形成市级商业中心—市级商业副中心—片区级商业中心—社区级的商业等级结构。**三是电子商务快速发展。**杭州市网络零售额从2012年的902.9亿元到2016年3445.65亿元，四年增长了262%。2016年，全市电子商务增加值达到1026.73亿元，占全市GDP的9.29%。全市共新增农村电子商务服务站（点）1760个，累计数量达4026个。2017年前三季度，我市网络零售额、居民网络消费、网络零售顺差均继续保持全省首位。**四是跨境电商领跑全国。**2015年3月7日获批设立中国（杭州）跨境电子商务综合试验区以来，先行先试搭建起了以“六体系两平台”为核心的顶层设计和制度体系。出台了全国首个地方性促进条例，产业生态圈快速发展，从事跨境电子商务的外贸和制造企业已近8000家。2017年1—10月杭州实现跨境电商进出口总额81.12亿美元，其中跨境电商出口60.6亿美元。跨境电子商务已经成为杭州产业转型升

级的新引擎、外贸出口增长的新动能。

（二）独特优势

一是历史悠久的文化重镇和商贸中心。杭州有 8000 年文明史和 5000 年建城史，悠久的历史和文化引人入胜。杭州是京杭大运河的起点，又是丝绸之路的起点，历史上商贾云集，鱼米之乡物产丰富，杭州丝绸远销欧亚大陆；杭州地处我国东南沿海，长三角南翼，钱塘江下游，高效率的交通物流能力，让杭州承担了杭州湾区域商贸中心的重任；名企名城战略为杭州建设现代商贸中心提供强有力的实体保障。**二是引领全球的电子商务之都。**云上杭州、电商之都是杭州建设中国商贸中心的最显著的时代特征和优势。杭州作为全球的电商之都和移动支付之城，是中国数字化商业的中心，也是中国商贸业新经济的代表。随着电子商务的蓬勃发展，阿里巴巴集团已经成为全球最大的零售体，以阿里为代表的电商企业推动了商业模式创新，引领了新一轮商业革命。在大数据、云计算、AR、VR、MR 等高科技的参与下，线下购物场景会变得更丰富和智能，为杭州商业模式走出国门提供了条件。**三是商业与旅游互动的购物胜地。**G20 峰会的召开，为杭州注入了新鲜的活力，全年杭州共接待中外游客 14059 万人次，实现旅游总收入 2572 亿元，同比增长 16.87%。旅游业的稳定发展有力促进了商贸业的繁荣，2017 年“十一”黄金周的 8 天时间，全市 18 条市级商业特色街共涌入游客 615.82 万人，湖滨、清河坊的客流量均超过百万。借助 G20 杭州峰会与 2022 年杭州亚运会之势，杭州建设国际重要商贸中心的条件更加成熟。**四是交通便捷的商贸新空间。**杭州“因湖而名”，也“拥江而兴”。市委提出“拥江发展”战略以来，钱塘江沿线各区政府抢抓机遇，加快改造城市基础设施，使杭州城市商贸空间不断得到拓展和优化。与此同时，随着城西科创大走廊、城东智慧智造大走廊、沿钱塘江金融港湾、亚运中心等产业与场馆规划加快落地，杭州地铁二期、三期规划实施以及城际铁路建设，可以预见，杭州商贸未来的辐射与集聚效应将得到新的提升。

（三）问题与差距

一是商贸功能定位不高。目前，我市商贸流通业尚未作为杭州的支柱产业、战略产业或者杭州城市未来发展的定位。世界公认的全球性国际商贸中心城市如美国纽约、英国伦敦、日本东京都是在工业化高度发达后把国际商贸中心确定为该国服务工业化可持续发展的国家战略，国际商贸中心的三产占比达到或超过70%，杭州仅61%，相比存在较大差距。**二是商贸要素集聚不足。**《第一财经周刊》推出“新一线城市”排名，根据商业资源聚集度、城市枢纽性等标准重新为中国城市分级，杭州跻身新的一线城市之列，但是在商业资源聚集度以及商业活力指数上均排名第八，与一线城市北京、上海、广州、深圳相比还有较大差距。体现在参与国际竞争能力弱、缺少国际化元素，国际商贸企业入驻相对偏少，尤其国际大型商贸企业、大财团投资较少；国际流通体系有待继续完善，零售业国际化步伐有待进一步加快，国际化配套和服务体系不完备；市场品牌丰富度不足，尚未形成国际国内会展品牌。**三是商贸街区影响不大。**杭州现有的商贸功能区、商圈或商业街区影响力尚有较多的欠缺。延安路及湖滨地区是传统商业中心，普遍存在交通拥堵和停车难题；钱江新城－钱江世纪城商业中心尚处于培育发展阶段，尤其在拥江发展战略下，要打造钱江新城－钱江世纪城国际商贸中心任重道远。近年来，“一站式”消费理念促使商业设施纷纷向商业综合体、大型购物中心等融合多元化业态的开发模式转变，也使得大量建筑规模庞大、功能综合的商业设施项目集中面世，存在空间布局结构失衡，面临局部过剩和供需不均的问题。

三、杭州建设现代国际商贸中心的定位与布局构想

（一）特征与定位

国际商贸中心主要包括商业和贸易两个层面，商即商业基础设施和构成要素，贸即贸易网络，侧重交易层面。杭州要建设的现代国际商贸中心应围绕“把杭州建设成为融合线上线下、联通世界、服务全球的国际重要商贸中心”定位，体现线上线下互动的新零售特征、联通世界的网上丝路新枢纽以及服务全球的电商之都特征。

围绕新定位、新特征，杭州应加快建设智慧商业城市，把商贸流通业确定为支柱型服务产业，集聚技术流、信息流、人流、物流、资金流等要素，利用先进的信息技术，实现商业城市智慧式管理和运行；围绕加快商业体制创新，推广“线上引流，线下消费”的O2O模式，结合AR、VR、MR等方式促进线上线下融合发展；鼓励商业企业实体店上网，以互联网为依托，通过运用大数据、人工智能等先进技术手段，对商品生产、流通与销售过程进行升级改造；在积极发展线上服务的同时增强线下体验，加快网络店落地，大力发展现代物流深度融合的零售新模式，降低流通成本和商品价格；促进互联网、物联网、大数据、云计算与商业的融合创新发展，搭建跨商圈、跨区域、跨行业的商业互联网体系，实现智慧商业化、商业智慧化。

（二）布局构想

作为“现代国际商贸中心”的城市定位，势必要求杭州商贸发展应突破传统商业思维与商业运营管理模式，坚持线上线下互动，促进线上线下融合，激发实体商业发展活力，促进商业模式的内涵创新，形成以eWTP实验区、跨境电商综试区为两翼，以开放式、多中心、网络化的现代城市商贸为主干的杭州新型现代国际商贸中心体系。

1. 打造 eWTP 实验区

eWTP（全称 Electronic World Trade Platform），世界电子贸易平台。杭州应以“一带一路”为统领，充分利用基础设施互联互通和跨境电子商务双重便利优势，着力建设自由便捷、开放高效的世界电子贸易大通道，加快打造网上丝绸之路枢纽。**市场层面：**重点发展世界电子贸易新模式、培育世界电子贸易新业态，拓宽世界电子贸易进出口双向通道，更好实现全球卖和全球买。**制度层面：**着力推进政策创新和孵化合作机制，加快建设数字口岸、探索数字认证、创新数据监管、推广数据应用、优化数字服务、发展数字金融，建立适应世界电子贸易发展的政策体系和制度环境。**落地层面：**充分发挥阿里巴巴等 eWTP 倡议方作用，支持 eWTP 倡议机制落地杭州，参与筹备设立 eWTP 倡议秘书处，积极争取 eWTP 相关国际组织落户杭州，可在钱塘江金融港湾总部基地或未来科技城国际企业聚集地选址。积极谋划 eWTP 物流枢纽布局和建设，实现与全球各国数字驿站货物畅通，为世界电子贸易发展和全球网络经济增长贡献“杭州力量”。

2. 打造跨境电商综试区升级版

充分发挥全国首个跨境电子商务综合试验区的引领优势，结合区位条件、产业发展基础、资源要素禀赋，围绕“一核一圈一带，全域覆盖”的空间布局，即以上城、下城、江干、拱墅、西湖、滨江等六大城区为跨境电子商务产业发展核心区，萧山、余杭、富阳、大江东产业集聚区、杭州经济开发区组成跨境电子商务产业应用经济圈，临安、桐庐、建德、淳安组成杭州西部跨境电子商务产业发展带，持续推进线下标杆园区创建活动，打造跨境电商示范园，以线下标杆园区为依托，做大做强“跨境电商 + 产业集群”，不断完善跨境电商产业链和生态圈，打造跨境电商综试区升级版。

3. 构建现代城市商贸多中心、网络化的格局

——打造两个城市商贸中心

打造为全市域以及国内外游客提供综合服务的两大市级商贸中心。**武林**

湖滨商业中心。以延安路为中轴，南起吴山广场，北至西湖文化广场，延伸至大运河商务区，面积约 5 平方公里。重点打造融购物、旅游、商务、金融、文化、休闲于一体的城市商业中心。**钱江新城—钱江世纪城国际化商业中心**。钱塘江两岸商业带是杭州商贸业最大的发展空间，是杭州未来商业的轴心，该商业带西起钱塘江大桥，东至钱江二桥并延伸至亚运村和萧山空港，核心在钱江新城 – 钱江世纪城，面积 6 平方公里左右。这里是杭州城市新中心和中央商务区，作为未来商贸中心建设，主要业态以现代服务业为主，集商务办公、金融商贸、体育会展、科技信息、旅游休闲等功能于一体的高科技、多功能的中央商务区。

——建设八个城市商贸副中心

形成以副城、新城发展为依托，服务功能主要面向副城及其周边地区的市级商贸副中心。全力推进江南城副中心、临平城副中心、下沙城副中心、大江东副中心、城北副中心、城西科技城副中心、富阳副中心、临安副中心。

——建设多个片区级商贸中心

结合新城、城市外围组团的发展及居住人口的集聚，在主城区及外围组团建设片区级商贸中心；同时，根据杭州轨道交通网的规划分布并逐渐向城市各区域的扩张延伸，结合杭州城市发展的特性和商业个性，将地铁与商贸发展有机融合，结合站点开发，建立方便快捷的轨道交通商业网。

——建设便民的商贸服务网络

以创建杭州 15 分钟生活服务圈为目标，按照基本服务均等化原则，通过综合性、可达性、多元性的邻里中心建设，为居民提供文化体育、医疗卫生、养老服务、社区管理及商业等日常生活服务的“一站式”公共中心。

4. 推进国际化商业特色街区的建设

作为杭州“城市名片”的商业特色街区也是城市商业繁荣的集聚地、旅游休闲的目的地、文化传播的展示地。**一是位于商圈的特色街区，**如丝绸特色街区、清河坊历史文化特色街区、南山路艺术休闲特色街、湖滨旅游商贸特色街区、武林路时尚女装街区这五条商业特色街区，需要着重解决好街区与延安路繁华商业大街的沟通与融合，功能定位上更强调独特性、差异性、互补性；通过重点引导街区公共空间品质和可识别性，搭建西湖、运河“双遗产”与延安路繁华商业大街之间的桥梁，进而带动街区的人气有效聚集。**二是位于商圈与景区相邻的特色街区**，如南山路艺术休闲特色街、湖滨旅游商贸特色街区，既融于杭州城市商圈之中，又与西湖风景名胜区相邻，这里融合了历史人文艺术与自然遗产风光，既要考虑消费者购物的需求，也要考虑休闲需求；既要考虑日间消费者的需求，也要考虑晚间消费者的需求；既要考虑国内游客的需求，更要考虑国际游客的需求。**三是位于景区的特色街区**，如梅家坞茶文化村特色街、青芝坞休闲旅游慢生活特色街、西溪天堂风情美食特色街，分别位于西湖风景名胜区和西溪国家湿地公园，在业态设置上可依托景区设置餐饮、休闲吧、茶吧、咖啡吧等休闲设施，也可适当设置一些中高档的民宿，让游客充分体验和享受“游在景中、休闲在景中、体验在景中”。

四、杭州建设现代商贸中心的重点对策与工作思路

（一）营造电子商务产业生态环境，引领商业模式创新

建设一批高端贸易公共服务平台。把杭州建设成以“线上集成＋跨境贸易＋综合服务”为主要特征的跨境电子商务创业创新中心、服务中心和大数据中心。**完善一批便利化贸易基础设施**。实施线上综合服务平台工程，促进由政务服务向综合服务延伸；打造“数字口岸”；建设智能物流枢纽；建设eWTP物流枢纽，率先实现与马来西亚数字自由贸易区等eWTP数字驿站之间的货物畅达。**推动一批本土电商平台国际化发展**。鼓励阿里巴巴国际站、全球速卖通等创新商业模式，推动中国制造品牌出海。依托天猫国际为境外优质商品进入中国市场提供平台服务，借助“天猫出海”为国内优质商家及商品提供

交易、物流、支付等一揽子解决方案。支持网易考拉海购、贝贝网发挥跨境电商进口自营模式优势，推进源头直采。鼓励京东全球购、丰趣海淘、洋码头、敦煌网、大龙网、中国制造网等跨境电商平台全球化发展。支持蚂蚁金服、阿里云等输出技术标准、数据服务和解决方案，为完善国际网络贸易基础设施做出贡献。**引进一批境外电商巨头与电商品牌**。与谷歌开展合作，支持 Google AdWords 杭州体验中心建设；推动亚马逊全球开店杭州跨境电商园在杭州发展，鼓励 wish“星青年”“星工厂”等项目落地，支持 Paytm Mall 中国总部落户，支持全球知名电商平台来杭发展。

（二）推动市级商业中心国际化，建设高端商贸形象

一是提升武林、湖滨传统商业中心。现状“一线三圈”（即以延安路为轴，贯穿湖滨、武林、吴山 3 个商圈）市级旅游、商业中心已具相当规模，未来要向北辐射和延伸至运河商务带，加强运河与武林、湖滨、吴山等 3 大商圈的空间关联度，并实现空间上的互动与错位。依托西湖独特旅游资源和游客集聚优势和区域内现有的 13 个商贸综合体、8 条市级商业特色街，进一步提高商业集聚程度，优化网点空间布局。**二是打造钱江新城—钱江世纪城新商业中心**。与钱塘江金融港湾战略规划相呼应，按照拥江发展战略规划，发展商贸综合体经济、会议会展经济、金融与专业服务、国际贸易和总部经济，并以地标性的商贸综合体为依托，打造具有国际竞争力的高端金融商贸中心、最具开放性和时尚性的国际化新兴市级商业中心。由于该区域分属江干、上城、滨江、萧山 4 区，须建立联动合作机制加以推进，尤其是钱江世纪城商业配套设施尚未形成规模，应着重推进以奥体博览中心为基础的会展商贸商圈，考虑建设一条特色商业街和大型购物中心，丰富并提升该区域商业氛围。

（三）彰显商旅互动特色，绽放世界名城魅力

一是商贸旅游互动发展。通过举办各类活动、节庆、展销等，展示杭州

民俗、民风、特产、建筑、文化，实现游客资源向长期价值的经济、文化效益转化。用好杭州航空口岸144小时过境免签政策，完善中转服务体系，加快境外旅客购物离境退税试点，加快入境免税店落地和大型免税购物中心、区域性进口商品展示交易中心建设。加强商、旅、文相互融合，让杭州商业特色街真正体现杭州“精致和谐、大气开放”的人文精神。**二是会展会议同步发展**。巩固和扩大西博会、休博会、电博会、文博会、动漫节、云栖大会等影响，依托阿里优势培育中国网货交易会。以省市政府名义每年定时举办春季中国茶文化博览会、夏季丝绸文化交流时尚秀、秋季延安路彩车巡游、冬季中国庙会杭州行等，通过办好办精各类展会展示杭州建设世界名城的个性特色。

（四）接轨国际城市标准，优化营商购物环境

一是注重接轨国际。通过建立健全与国际接轨的地方性商业标准体系，加强跨境消费者权益保护，建立国家电子商务投诉维权中心和国家流通领域网络商品质量监测中心，设立国际商事仲裁机构。**二是建立“杭州标准”**。积极开展跨境电子商务领域的标准化建设，在数据传输格式、统计监测模式、跨境电商B2B认定、线上服务平台、人才培育体系等方面探索建立“杭州标准”。**三是优化商贸环境**。创造便捷交通条件，现行道路建设和改造要优先考虑购物停车、货物配送和商品展示。允许设置特色个性店招店牌，在商贸功能区、著名商圈、商业特色街、商贸综合体的公共区域要合理营造商业氛围。推进政务环境改革，有效落实“最多跑一次”以及投资环境提升。推进社会诚信体系建设，率全国之先建成信用征询系统。

（五）“走出去、请进来”，做强做大商贸品牌

一是扶持本土企业品牌。有效提高本土商贸企业技术、品牌、营销、服务的国际竞争力，促进杭州商贸企业积极融入全球市场。支持商业企业开展并购、合资、参股，引进国外先进技术和最新科研成果，积极支持和引进商业

原创技术在杭州孵化落地。从商贸上市企业起步，力争做成5~10个国际商贸企业和相应的国际品牌，推进杭州外贸企业建设海外仓，逐步培育海外展贸平台，打造杭州市10大海外交易展会品牌。**二是引进域外名牌企业。**通过各种渠道引进世界名优大企业大公司大平台，把信息流、人才流、资金流集聚到杭州，共同谋划未来杭州商贸新一轮腾飞与跨越。

（六）强化统筹协调，完善体制机制

一是加强组织领导。在市政府层面成立专门的“推进领导小组”，充分发挥杭州市推进领导小组牵头抓总作用，充分发挥各级各部门的责任主体作用，统筹推进杭州建设中国现代商贸中心各项工作。**二是加强规划衔接。**在政府新一轮产业发展战略和城市规划过程中，将大型购物场所、物流配送中心、专业市场、会展设施等列为城市流通基础设施，在新城扩张、旧城改造中，必须融入商贸元素。**三是加强政策配套。**整合相关商贸政策措施，集中商贸资金重点对商贸设施建设、新兴平台创建、著名品牌引进、举办贸易会展、推进电子商务、开展合作交流等方面予以扶持。积极争取税务、城管、土地等部门在税收优惠、营商环境、用地指标等方面支持，使各种政策措施的效应能对现代商贸中心建设产生巨大的提升力。

西湖区全力推进楼宇经济转型升级的发展实践

陈奕蒙*

南昌市西湖区为全市的主城区，素有“千年南昌看西湖”的美誉。常住人口 53 万人，国土面积 34.8 平方公里，在全省 100 个县（市、区）中倒数第二，土地资源较为匮乏。而随着其最后一片储备用地——朝阳新城的开发临近结束，发展空间越来越窄、发展成本越来越高、发展周期越来越长的难题愈加凸显。如何合理利用现有的优势资源？如何在特色产业中拓宽发展空间？如何精准、精细管理好现代服务业？成为全区的现实所需、当务之急。

楼宇经济，作为一种新型城市经济形态，它可以有效规避产业发展中存在的土地资源不足、经营分散、专业化程度低的问题，自然而然成为西湖区实现突破发展的重要途径。早在 2005 年，西湖区就组建了全市首个商务楼宇（总部）领导小组，成立了全市首个商务楼宇协会；将商务楼宇作为全区支柱型经济，强力推进，全力支持。当前，西湖的楼宇经济越发举足轻重，孕育的风光分外夺目，被形象地称为“立体的工业园、垂直的印钞机”；2016 年、2017 年度，西湖楼宇经济的税收总额占区税收总额连续两年达一半以上，是名副其实的“掘金”主力。

* 作者系中共南昌西湖区委常委、区政府常务副区长。

一、楼宇经济发展现状

从2005年至2017年12年间，西湖区5000平方米以上的商务楼宇数量翻了2番，现有的74幢商务楼宇总面积234万平方米，税收亿元楼8幢；其中，综合性楼宇税收逐步增长。在3600余家楼宇企业中区域性总部、世界500强、国内200强以及国内外知名企业纷纷抢滩登陆，真正实现了数量到质量的蝶变。

二、楼宇经济发展存在的问题

（一）新旧楼宇融合发展的问题

西湖区现有的74幢商务楼宇中有近70%是运营了10年以上的老楼，在外观、硬件、功能以及停车等方面与新楼存在较大差距；而新建的楼宇又不同程度地存在交通不便、配套不全、人气不旺的问题，楼宇新老融合发展是楼宇发展的根本路径。

（二）特色产业扶持激励的问题

近年来，虽然对电商产业和总部经济的培育扶持屡有建树，但对商务楼宇的特色产业、战略性产业仍然缺乏精准定位及有效的激励，与国内楼宇发达的区域在扶持力度上还存在不小差距。

（三）服务管理提质增效的问题

要实现企业引得进、留得住，将政府、楼宇、企业实行良性的动态管理，提升服务的品质，仍然有待加强。

三、楼宇经济发展举措

近年来，西湖区致力于将发展楼宇经济作为稳企固税的重要手段，在政策、服务、机制和技术上全力推进楼宇经济转型升级发展。

（一）在主要方针上——政策引导

按照企业需求，量身制定《西湖区楼宇（总部）经济和重点产业的扶持办法》，明确了对总部企业、专业服务业企业、特色楼宇集聚，鼓励楼宇提升竞争力四大模块进行扶持，概括起来为“一核三点”。

一是核心：固本培元。既对楼宇经济增量进行扶持，又对现有存量进行奖励。

二是亮点：首次提出扶持“法律财务”“规划设计”“专业咨询”“中介代理”等四类专业服务业，按照税收贡献不同设置奖励门槛，对新入驻与已入驻的四类专业服务业企业，按其区级税收贡献部分进行不同比例的奖励。

三是特点：鼓励楼宇业主或物业管理单位调整入驻企业结构，尤其对引进上述四类专业的楼宇业主或物业管理单位，给予一次性的高额奖励。

四是重点：加大对总部企业和高管人员的扶持与奖励。明确对金融业、商业服务业、建筑企业、总部企业着重引入。对新入驻的企业高管，返还其缴纳的个人所得税区级贡献部分，并对其购房给予房屋契税补贴；其子女在区属学校、医院就学就医，我区将提供优质服务。同时，对新入驻总部企业的办公用房，按其购买或租赁方式的不同给予不同程度的补贴，让企业家在西湖更好的投资、兴业、安家。

（二）在优化环境上——服务引入

2017 年，开创性的制定了《西湖区商务楼宇“楼长制”管理工作实施方案》，实施“一幢楼宇、一名楼长、一套班子”工作机制，将全区 74 幢商务楼宇分别安排31位四大家领导挂点，全面构建由区四大家领导任楼长、属地街道班子成员任执行楼长、社区（村）负责人任属地楼长的三级“楼长制”基础管理架构，要求三级楼长全面掌握楼宇情况，在楼长的率领下各级楼长全面参与楼宇招商、全面优化服务管理，形成全区楼宇经济从领导到干部齐抓共管的良好局面。

（三）在具体措施上——机制引向

为破解楼宇企业税收监管漏洞的难题，西湖区将综合治税、市场监管、国税地税等职能部门与楼宇工作紧密结合，以各街道、镇（处）为抓手，研制出一套科学的上下互通、内外循环的商务楼宇与综合治税融合发展的联动机制，进一步夯实税收基础工作，牢固树立“平方米”税收理念。同时对区内商务楼宇新增企业的工商注册、税收归属、依法纳税情况做到每周一调度、每月一专报的工作模式，并结合该区每月“四梁八柱”专题调度会实行问题处理解决情况的跟踪问效工作制。实现对楼宇企业税收及时掌握、动态管理，从而杜绝漏登、少征、漏征、漏管现象，促进财政收入的稳定增长和经济社会的全面发展。

（四）在实现路径上——技术引航

按照“全市首创、全省领先、全国一流”的标准开拓研发了西湖区智慧楼宇APP服务管理平台，同时借鉴了国内楼宇信息化先进地区的经验并结合实际，打造出全国首家四位一体综合服务管理体系、全国唯一三级楼长制服务管理模式、全国领先的全方位立体化找楼方式、全国领先楼宇间互通平台、全省首家白领青年荟服务名片、全省首家五位一体招商联动机制、全省领先精细化考核管理模式、无缝接入楼宇周边生活服务的八大创新亮点的智慧楼宇APP顶层设计。

当前，“四引”工作已作为南昌市推进楼宇经济发展的典型经验，在各县区予以推广。然而，西湖区的楼宇工作还有诸多问题亟待破解，仍有较多方面需要改进，下一步，我们将紧扣现代服务业发展这一主题，通过提供更加优质的投资环境，更加优惠的扶持政策，更加贴心高效的服务来提升商务楼宇品质、品位、品牌；同时将牢固树立“平方米”税收贡献管理理念，不断推动楼宇企业税收增长，为建设富裕美丽幸福现代化的江西“南昌样板”建设助推加力！

关于江干商务楼宇招商的实践与思考

王卫安*

围绕区委区政府“全方位推进城市化、国际化、现代化‘三化融合’”，全力以赴打造“城市新中心、国际新窗口、创新新天堂、智慧新城区”，高水平全面建设“国内一流现代化中心区”的战略部署和要求，如何做好江干区楼宇经济这篇文章？

一、江干区楼宇经济情况分析

（一）全区楼宇经济总体情况

全区已竣工楼宇（项目）从2009年的30个增至目前的106个，年平均增长幅度为16.8%。总建筑面积从2009年的127.9万平方米增至目前的715.9万平方米，年平均新增总建筑面积约81万平方米，年平均复合增长幅度为27.4%。截至2016年底，全区楼宇总税收47.4亿元，其中经常性税收31.5亿元。全区共有经常性税收亿元楼宇9个，千万元楼宇61个。

（二）钱江新城楼宇经济情况

钱江新城总规划面积21平方公里，中心区为4.02平方公里，中心区规划总建筑面积650万平方米（含部分住宅、公共配套建筑以及酒店），其中核心区为2.89平方公里，钱江新城现建成及在建楼宇面积569.24万平方米，楼宇

* 注：作者系杭州江干区政府副区长。

项目数37个，其中实际可用面积约267.4万平方米（扣除地下面积以及公建、酒店、银行自用办公用房外的商务商业面积）。

钱江新城二期规划面积7.86平方公里，规划有钱江金融城总建筑面积80万平方米以及沿江区块的商业、金融、行政办公、文化娱乐用地74万平方米，共计楼宇总建筑面积约154万平方米。

目前，钱江新城入驻金融机构（银行、保险、证券、期货等）的企业数量为75家，面积为38.3万平方米（企业入驻的实际办公面积）；其中省级以上总部企业12家，全国性总部企业4家。钱江新城金融中心的地位已基本稳固。

钱江新城（以及四季青）类金融企业（包括投资公司、财务公司、基金、风投、创投、交易中心、金融服务公司等）的企业437家，面积7.7万平方米，2016年税收产值2.9亿元。

钱江新城产业结构情况：

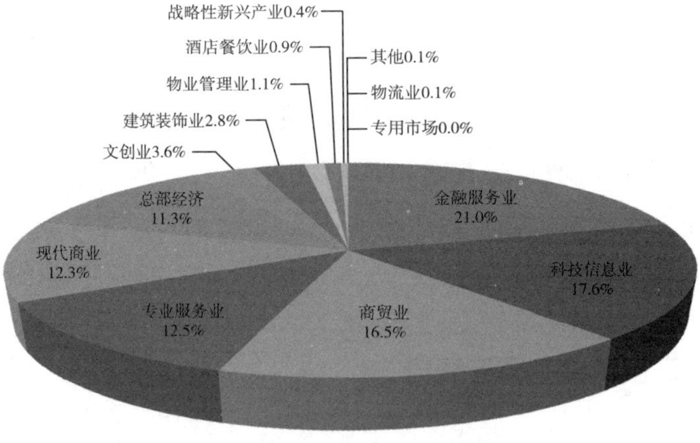

图1：2016年钱江新城行业税收分布

（三）楼宇内企业产业分析

1. 税收前 200 位企业产业分析

表 1：全区商务楼宇行业经常性税收分析（2015—2016 年）

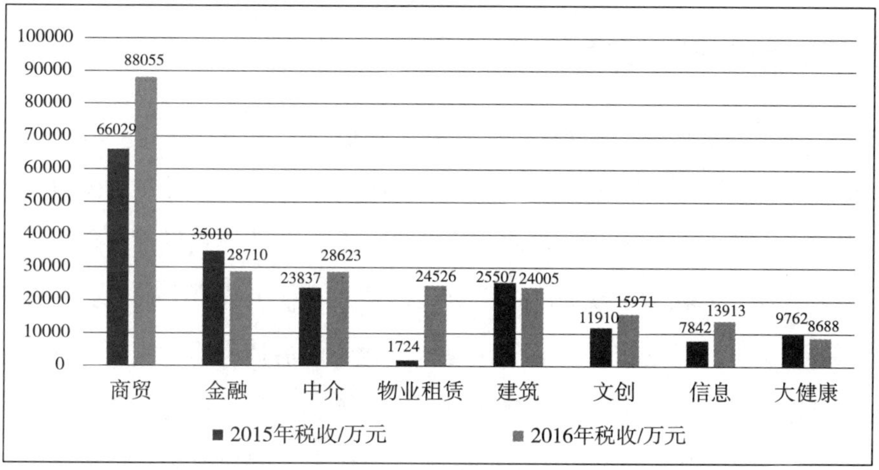

我区楼宇产业结构可以简单概括为一超四强。一超：商贸业（含传统企业总部）列第一位，且远超过其他产业。四强：是金融和类金融产业、中介服务业、物业租赁业和建筑业，四个产业相对均衡且占比较大。文创和信息产业虽排在中后部，但增长速度较快。

我区楼宇经常性税收贡献结构：全区楼宇经常性税收前 200 强企数量约占全区楼宇企业总数 2%，2015 年占全区楼宇经常性总税收的 71%，2016 年占全区楼宇经常性总税收的 75%。全区楼宇经常性税收主要依赖前 200 家企业的贡献，且有进一步强化的趋势，帕累托法则（即 80/20 法则）突出、马太效应明显。

2. 金融及金融服务业情况分析

金融业是 CBD 的核心产业，同时金融企业也是我区特别是钱江新城新楼宇最主要的用户之一。因金融业税收归缴中央的特殊性，我区未将其纳入楼宇税收统计之中，但其仍是我区楼宇经济的主要贡献者之一。2016 年，全区已入驻省级及以上银行 13 家、券商 2 家、保险公司 12 家、要素交易平台 6 家。

现有上市公司 8 家，已报会 1 家（预计今年可上市），“新三板”挂牌 25 家；拟上市和挂牌后备企业 40 余家。全区金融业增加值 71.1 亿元，占 GDP 比重 12.8%，实现金融服务业（不含银行、证券、保险等持牌金融机构）税收 7.4 亿元，同比增长 48.4%。

（四）产业集聚效应分析

“十二五”期间，我区以各种模式重点打造了一批特色楼宇。（1）区招商局联手华联 UDC 时代大厦，打造总部经济特色楼宇。（2）闸弄口街道通过旧仓库改造，引进专业的中介运营商，联合文创办，打造建筑设计文创特色产业园。（3）区发改局联手三新银座，引进区内重点企业的投资公司，打造资募大厦。（4）四季青街道返租广新商务大厦，组建专门的招商管理团队，联手区科技局，打造新传媒产业。回顾特色楼宇打造工作，有如下体会：

1）特色楼宇引进的企业质量要优于一般楼宇。同样面积，特色楼宇税收贡献要比全区平均水平高 70%。

2）总部企业和特定企业（如建筑设计类）更易于集聚，而一般性产业对集聚没有明显的倾向性或偏好。

3）特殊的楼宇品质和某类企业特殊偏好的匹配更易打造特色楼宇。如世界 500 强企业要求入驻高品质和最具国际风范的楼宇；大企业总部要求入驻顶尖写字楼以匹配自身形象；建筑设计企业对办公场所（层高）有特殊的要求和偏好；基金公司、投资公司等对独门独院建筑形态的喜爱以及对办公室窗外景观的高标准；初创企业对租金低价的绝对追求以及电子商务、物流企业对交通便利的倚重等等，容易因特质而集聚。

（五）楼宇板块规模因素分析

通过对北上广深等楼宇经济发达的一线城市分析，发现：一方面，与周边城市相比，尽管北上广深等一线城市和周边城市存在巨大的楼宇租金价格差，却仍源源不断地从周边城市汲收优质企业。另一方面，在城市内部，尽管区域之间存在较大楼宇租金价格差，大企业的选址仍倾向于租金更高的核心区域。在杭州同样存在这种现象：钱江新城楼宇发展初期，尽管拥有与原市中心黄龙、武林商圈写字楼的巨大价差优势，却仍然存在大企业引进缓慢而困难的问题。近年来，钱江新城租金高涨，反而出现大企业加速流入现象。这些事例均说明：价格不是大企业选址的首要因素。

那么，什么才是一个楼宇板块吸引大企业的首要因素？为探讨这个问题，我们着重分析下面两个曾经和正在发生大企业集中迁移现象并由此造成了城市格局改变和城市中心更替的城市。

1. 杭州市中心变迁

年代	城市中心	公共资源及商业商务资源情况
五六十年代	解放路官巷口一带	杭州市政府，单个大型商业体（解百），无商务写字楼
八十年代	武林门（后期以武林门为点，沿延安路、天目山路等道路辐射发展，形成黄龙世贸等点线组合松散型市中心）	杭州市政府，数个大型商业体（杭州大厦、杭州百货大楼等）及数幢商务写字楼
2016 年	钱江新城	杭州市政府，数个大型商业综合体及数十幢商务写字楼

20 世纪五六十年代，杭州的格局是以解放路官巷口一带（杭州市政府及单个万平方米的商业体——解百）为市中心。到八十年代，杭州的市中心转移到了武林门（杭州市政府、数个大型商业体及数幢商务写字楼），后期以武林门为核心点，沿延安路、天目山路等周边道路辐射发展，形成黄龙世贸等点线组合式松散型市中心。到 2016 年，钱江新城成为杭州的城市新中心，聚集了杭州市政府、数个大型商业综合体及数十幢商务写字楼集群，新中心以大体量、板块状的形态不断发展。

2. 广州市中心的更替

在广州市的产业结构未发生明显变化，以及广州市的主要公共资源——广州市政府仍在越秀区的情况下，广州天河区已成功替代越秀区成为广州的新中心。两区的 GDP 相近，只是在楼宇规模上有较大的差异，其中越秀区楼宇规模为 900 万平方米，新中心天河 CBD 楼宇规模 2000 万平方米。

两个城市中心的变迁，除却政治因素，板块楼宇总体量（即板块楼宇规模）扮演着决定性的角色。

楼宇规模成为吸引大企业的首要因素，其实质是：楼宇所承载的市场容量才是吸引企业入驻的首要因素。当企业发现在这里能找到资金、找到客户、找到人才、找到信息、找到商机、找到自己所需的高品质专业服务和公共资源，企业一定会蜂拥而至。市场吸引企业、企业带动就业是城市化原动力，也是广州和杭州城市中心成功变迁的主因。市中心楼宇价格高，正是市中心楼宇规模的有限性和企业需求的无限性之间的矛盾，而产生的对入驻企业市场化筛选和择优的结果。

市场容量是吸引企业的首要因素，而楼宇作为市场容量的载体，其规模的重要性是不言而喻的：市场无限而楼宇有限，板块楼宇规模的大小对市场发展的空间和潜力有极为巨大的影响和限制，一言概之，板块楼宇的总体量决定了市场的容量。当城市中心楼宇总体量不足以承载城市不断发展而急剧扩张的市场容量，城市必然会建新中心来适应发展的需要。

二、江干楼宇经济的几个难点

（一）钱江新城作为杭州 CBD，其首位度过低

首位度是指中心部分在整体中的占比度。如果要确立在区域中唯一的、无可置疑的中心地位，其首位度需要多少呢？以省作为一个经济体参照分析发现，在 2015 年全国省会城市首位度（省会城市 GDP 在全省 GDP 中的占比）的调查中，2015 年全国省会城市首位度中位数在 27%（杭州 2016 年首位度约 24%），低于这个数值的省份，省会并不是全省唯一的经济中心，省内有次中

心存在；低于20%的，省内有双中心存在，甚至部分省会并不是全省的经济中心。

据不完全统计，目前，杭州的上城、下城、江干、拱墅、西湖、滨江以及江对面的钱江世纪城，共有已建和在建楼宇约5000万平方米，钱江新城中心区规划总建筑面积650万平方米，首位度仅13%，其中江对面的钱江世纪城规划楼宇总体量约500万平方米，和钱江新城规模相近，钱江新城楼宇总规模与其相比并无优势。

钱江新城要成为杭州乃至长三角南翼的CBD、经济中心，并在未来保持这个地位，必须要有首位度上的保证。以27%的首位度计，钱江新城楼宇总体量至少要在1300万平方米以上。考虑到杭州城市未来的发展和扩大，这个数值应适当放大到1800万平方米以上。

（二）钱江新城CBD和一线城市CBD差距较大

作为城市代表和名片的CBD是城市间竞争的先锋队和排头兵。尽管近年来杭州市在次一线城市中位列上游，但不论从体量和能级上，钱江新城CBD和一线城市CBD差距较大。钱江新城中心区规划总面积650万平方米，加上二期扩容区的154万平方米，总体量约800万平方米；而广州天河区CBD楼宇总体量达2000万平方米，上海浦东CBD楼宇总体量达1400万平方米（目前，上海市政府因上海浦东CBD体量有限且扩张困难，已在虹桥开发一个规模超过上海浦东的新CBD），钱江新城CBD与一线城市CBD的体量差距之大令人吃惊。

（三）我区楼宇板块之间连接度不高

我区楼宇区域分布板块状明显，分别为钱江新城、庆春商圈、城东新城和钱塘智慧城，但各板块间连接度不高，存在交通、品质和租金三个断层。一是板块之间交通时间较长。城东新城和钱塘智慧城与钱江新城之间有较长的交通距离，难以形成有机联系。二是各板块的楼宇租金有较大差异。钱江新城目前平均租金价格向4+元挺进，庆春商圈新楼宇租金价格与钱江新城相近，城东新城租金水平在2~3元之间，钱塘智慧城租金水平在2元以下，虽然各板块的楼宇租金价格形成了梯队，但是存在结构性缺失，尤其是缺少市场需求最大的3~4元供应区间。三是各板块在区位成熟度、整体规划和楼宇品质上差距较大。尤其是城东新城和钱塘智慧城不论在区位成熟度、区域规划起点和楼宇建设品质上均和钱江新城有较大差距。

（四）外部竞争压力大

目前钱江新城和庆春商圈楼宇入住率在90%以上，市场有较大的外溢需求。相比城东新城和钱塘智慧城到钱江新城的交通距离，这些外溢企业在选址时会发现，钱江世纪城更为便捷，且价格优势更明显：一些钱江新城外溢出来的企业发现钱江世纪城的巨大价格洼地→随着过江隧道和过江地铁线的增加→交通极为方便→钱江新城的资源和配套得以共享→价差洼地吸引力进一步增加→更多外溢企业流入→钱江世纪城自身的商业配套服务市场机会出现和扩大→商业配套服务企业投资和跟进→钱江世纪城区块逐渐成熟→与钱江新城比价更有优势→大量企业进入→市场完全认同钱江世纪与钱江新城对等地位→因规划等原因，金融机构和类金融机构大量布局钱江新城，而大企业因钱江新城楼宇体量限制而大量落户在钱江世纪城→钱江新城钱旺，钱江世纪城企旺，钱江世纪城税收收益更高。最终，随着钱江新城入住率的提高和外溢现象日益增加，我区楼宇板块连接以及租金品质等结构性问题将极大提高企业外溢到其他城区的潜在损失。

三、关于发展江干楼宇经济的几点建议

（一）楼宇资源做强首位度

楼宇资源是基础。现有钱江新城二期的商务楼宇规划不仅总量少，而且主要用于钱塘江金融港湾战略需要，可于非金融类产业招引的资源并不多。不论是 CBD 首位度的自身需要还是和其他城市 CBD 竞争比拼需要，现有钱江新城 CBD 楼宇总体量距合理规模还有较大缺口。**一是优化空间规划。**努力争取得到市政府和上级有关部门的支持，在江干区未来的土地利用和总体规划中，把商业地块的布局和占比，从单个区块内平衡扩大为在江干区范围内平衡，优先向钱江新城集聚和靠拢，优先考虑连接起钱江新城、庆春商圈、城东新城和钱塘智慧城，打通各楼宇板块间的断壑，实现四个楼宇板块一体化。**二是用好 10% 留用地。**在选址布点上，突破原拆原还的框架，探索异地建楼、飞地管理，以折价入股等多种方式解决指标方和供地方利益平衡问题，有目的地让 10% 留用地在钱江新城周边集聚。**在开发模式上，**强化政府参与，建议由区属企业联手社区合作建楼，确保 10% 留用地楼宇品质和资源有效可用。**在楼宇招商上，**由政府为主负责招商，以合作开发、量身定制、独幢自持为条件，吸引希望在钱江新城附近拥有独幢、个性化和冠名写字楼的大企业合作开发，通过自建自用总部大楼让其在江干扎根。对 10% 留用地村社区自持物业部分，由政府负责引进专业平台运营商打造楼宇产业园模式进行整体招商运营和管理。

（二）招商方式点面结合

一是着力突破重点招商项目，通过对招商信息的汇总、分析、筛选，瞄准大项目；进一步细化了解目标信息，跟踪目标发展动态，制作有针对性的招商预案，锁定优质项目；结合 G20 走访活动，部门联动，上门招商，全力突破重点项目。通过选目标、定对策、设预案、强对接，实施精准招商，不断提

高招商的准确性和成功率。二是着力引进专业平台运营商，鼓励平台运营商整幢整片包租物业打造特色产业园，实现引进一个、去化一幢、带动一片的产招结合的平台式招商。

（三）产业招商定向突破

围绕六大产业，各主管部门创建六大产业国内重点企业名录库，按规模、影响力、发展潜力圈定目标，分类列出龙头企业、实力企业、潜力企业，通过分析企业的业务范围、发展历程，对照已落户我区的同类企业名单，找缺找漏，挖掘出一批发展势头好、潜在落户可能性大的企业名单，主动出击，上门招商，以拔钉子精神做强做大六大产业。**具体而言：**

一是补缺。针对目前已在我区形成一定集聚效应的产业，加大补缺力度。如高端服务业，找出国际四大所五大行和全国前十名、全省前列的会计、审计、律师事务所未落户江干的，进行补缺招商。

二是补位。针对产业前景好，适合在我区发展，且已有部分优质企业入驻，但尚未形成规模集聚的，找出带动性强的产业龙头企业，进行补位招商。

三是投资未来。城市崛起，必以产业崛起为先导。一个新产业往往能成就一座城市，使之在城市间竞争中实现“新道超车”。如美国底特律因汽车而兴，休斯敦因石油而名，旧金山因硅谷而扬；国内亦是如此，广州因外贸而达，深圳因创新而强。对新兴产业的招商，不仅要超越以税收多寡作为优质与否的评定标准，而且要从苗头抓起。一是紧盯国内新兴产业特别是IT产业的巨头公司如BAT（百度、阿里和腾讯）和知名创投公司，对其新业务新公司加大招商力度，进行跟随招商。二是紧盯从国内知名产业巨头中离职创业的老将，进行认人招商。三是对进入成长期的创业项目，通过政府设立产业引导基金跟投等方式，进行挂号式招商。跟着成功企业找未来的新兴产业，顺着成功人士找未来的发展方向，切实做好“新道超车”这篇大文章。

广州村级工业园更新改造的实践与思考

朱永飞　谢　芸*

推进村级工业园升级改造，是贯彻落实党的十九大关于“深化农村集体产权制度改革，保障农民财产权益，壮大集体经济”，及省十二次党代会“以‘三旧’改造为抓手推动城市更新和城市建设”精神的重要举措，也是促进我市产业转型升级，拓展产业发展空间的重要手段。为此，我们在摸清全市村级工业园基本情况、改造难点与潜力的基础上，借鉴其他城市的先进做法，提出了促进村级工业园升级改造的对策建议。

一、我市村级工业园基本情况

20世纪80—90年代，“村村点火”“户户冒烟”形成村办工厂分散爆发增长期。到2000年左右，随着产业的提升，园区化的思路逐步聚合产生大量村级工业园。经摸查梳理，全市适建区范围内共1465个村级工业园，用地面积97.96平方公里。主要特征如下：

（一）空间特征：相对聚合、开发潜力高

1. 聚集于白云、番禺、花都，占全市村级工业园7成

从空间分布看，全市适建区范围内村级工业园用地主要集中在白云区（493个）、番禺区（288个）、花都区（253个），3区村级工业园用地规模达

* 作者单位：广州市城市更新局。

70.45 平方公里，占全市村级工业园总面积 71.9%。

2. 近 2 成村级工业园用地位于轨道交通站点 800 米范围内，开发条件较好

规划轨道站点 800 米范围内涉及的村级工业园用地面积达 19.18 平方公里，占总用地面积 19.58%。其中，海珠区、天河区、越秀区在轨道站点 800 米范围内的村级工业园占比接近或超过 50%。

3. 村级工业园升级改造潜力较大

按照规划，盘活 97.96 平方公里村园低效用地，预计可提供新型产业用地 18.88 平方公里，建筑面积约 264.28 万平方米；商业办公用地 19.27 平方公里，建筑面积约 242.79 万平方米；租赁住宅用地 18.05 平方公里，建筑面积约 227.48 万平方米；道路、公共绿地以及基础设施用地约 23.11 平方公里。通过村级工业园更新改造促进产业升级、功能更新及设施完善，支撑城市持续发展。

（二）建设特征：整体建设强度低，合法用地占比 1/3

村级工业园地块内以低层建筑为主，总体建设强度不高，平均毛容积率为 0.47，土地利用水平较低。建设强度呈现中心城区高，往外围逐步降低的趋势，与土地价值的空间变化趋势基本一致，荔湾区、海珠区平均毛容积率达到 0.6，南沙区毛容积率则低于 0.25。

用地合法性方面，全市适建区内村级工业园中拥有完善用地手续的 31.73 平方公里，占 32.37%；需完善历史用地手续的 66.23 平方公里，占 67.63%。

（三）产业特征：门类多、初级制造为主，存在部分环境污染行业

主要包括：包装、仓储、电子、皮革、汽配、食品、五金、机械、金属加工等产业类型，多为初级加工制造；此外有少量的仓储、物流、市场、商业服务等第三产业。部分村级工业园产业如电镀、涂料等对环境影响较大。

二、我市村级工业园改造基本情况和存在困难

（一）基本情况

我市村级工业园改造的途径主要有两种：一是已经取得合法村集体建设用地使用权证的工业园区、仓储或旧市场，直接向规划部门申请报批进行改造（控制性详细规划调整或修建性详细规划调整）。二是按照城市更新政策开展更新改造。针对村级工业园改造存在的问题，我市积极进行政策创新，于2017年6月出台《广州市人民政府关于提升城市更新水平促进节约集约用地的实施意见》，对不低于150亩、村社同意由区政府统一招商、用于产业发展的成片连片村级工业园给予优惠政策。目前，全市有32个、1229公顷的村级工业园纳入了旧村全面改造统筹推进。2016—2017年，全市共统筹推进6个、75公顷村级工业园更新改造项目。

（二）存在困难

1. 存在不同的利益诉求

在村级工业园的改造功能意向上，政策鼓励通过村级工业园的更新改造提升产业创新能力与发展水平，倾向于“工改工”“工改科”；但在村集体中，村民更关注收益，希望通过村级工业园的更新改造提升用地租金水平，倾向于“工改商”，改造意向为办公、科研、工业改居住的较少。不同发展方向、关注焦点的矛盾，使村级工业园更新改造难以形成合力。

2. 租赁关系较复杂

村级工业园的租赁存在层层转租，或租期长达几十年等诸多问题，阻碍更新改造。

3. 改造积极性较低

由于存在控制性详细规划不稳定、用地性质与改造意愿不符等问题，村级工业园更新改造普遍涉及控制性详细规划调整，更新时间成本较高，改造

动力不足。同时，由于改造后用地性质仍为集体性质，也难以吸引大型企业进驻。

三、外地经验做法及启示

珠三角地区是改革开放的前沿，特有的经济模式造就了镇级、村级工业园蓬勃发展，广东省实施“三旧”改造政策以来，佛山、深圳两地对包括村级工业园在内的工业园区升级改造给予了高度重视，出台了多项支撑政策。

（一）佛山市村级工业园改造政策与实践

政策方面，佛山市、区、街镇三级形成村级工业园政策合力和接力。市级层面2011年出台了《关于通过“三旧”改造促进工业提升发展的若干意见》，2015年出台《村级工业区环境整治提升工作行动方案》。各区积极贯彻市级要求，南海区出台《关于进一步推进村级工业园区综合整治提升工作的意见》，顺德区出台《村级工业园区环境保护、安全生产“双达标”三年行动计划》，禅城区出台《通过“三旧”改造进一步促进产业提升发展的实施细则》，各街镇也出台了促进村级工业园更新改造的具体办法和措施。

具体实施方面，佛山确立产业转型、安全监管、生态环保的目标，采取分类整治、打建结合的思路。将村级工业园分为综合整治、产业转型升级两类，对综合整治类采取“打”的方式，即建立督查、考核长效机制，倒逼其完善设施，提升环境；对产业转型升级采取“建”的方式，即采用政策与资金扶持，乃至政府主导的方式进行。佛山创新提出“政府统租”方式，搭建起联系村集体经济组织、产业的桥梁，实现政府、村集体、企业“三赢”格局。

（二）深圳工业园改造相关政策

深圳因完成特区内土地国有化转制，没有专门针对村级工业园出台升级改造政策，而是以旧工业区的概念制定相关政策。深圳“三旧”改造政策以综合整治、功能改变、拆除重建三种方式为主。2015 年以来鼓励以综合整治替代传统的拆除重建，更高效环保地推进城市更新、推动产业转型升级，为此专门出台了《综合整治类旧工业区升级改造操作指引（试行）》。2016 年 12 月出台的《关于加强和改进城市更新实施工作的暂行措施》也强调了对工业区的改造方向从过去的拆除重建为主转变为复合式更新和综合整治两种方式为主。

（三）经验启示

1. 明确村级工业园改造的目标与原则

两地均以为产业升级提供空间为目标，采取“局部突破”的方式进行。佛山市南海区通过环境整治、整体拆建等方式优化产业环境、引进高效益产业；坚持“政府主导、规划控制、连片改造、市场参与”的原则，政府掌握较大的主动权。深圳市则鼓励工业区以产业升级形式改造，对工改居、工改商十分谨慎。

2. 健全村级工业园更新改造的相关政策

佛山建立了村级工业园市、区、街镇三级政策体系，设置“工业提升扶持政策”的章节，对连片成片、微改造、及早建设与试点项目提出奖励措施。深圳对旧工业区更新以“意见”“工作方案”“操作指引”等政策形式，全方位指导更新工作。对升级改造项目经市产业部门认定为市政府鼓励发展产业的，给予补缴地价优惠，并安排一定的资金，用于升级改造工业区的市政基础设施建设。

3. 创新模式提高改造主体的积极性

佛山通过“政府统租”的模式，搭建新型城市更新平台，实现多方共赢；鼓励村集体经济组织探索“以地引资”“以租抵建”等融资模式，引入市场主体进行改造，破解复杂租赁关系及资金难题。

四、对策建议

（一）推进村级工业园差异化更新

村级工业园改造任务艰巨，情况复杂，应秉持“分类分策，重点突破”的原则，结合区位、规模与村集体经济组织的发展意愿，坚持全面改造、微改造多种方式推动村级工业园的改造更新，重点推进战略型产业、重点地区、规模大于150亩以上的项目更新改造。重点功能区的村级工业园应与旧村改造整体统筹，宜整体收储、统一改造；非重点功能区村级工业园单独更新改造则以“工改工”“工改科”为主要方向。近期主要推进区位较好、条件成熟、改造需求迫切、规划符合性较好的项目，总结经验，形成示范，加强宣传，引入更多市场力量，逐步推开实施。

（二）加强产业扶持，鼓励转型升级

一是明确准入类、鼓励类的产业目录。对不符合准入类产业的村级工业园，改造后必须达到准入门槛；对已纳入近五年全面改造计划旧村改造范围的、可引入鼓励类产业的可申请先行改造。**二是**会同相关部门制定全市产业转型升级和集聚发展的指引，明确产业认定范围、认定标准、认定程序及政策措施。各区结合自身的产业发展方向，制定区内扶持的产业目录及优惠政策。**三是**各区制定更新产业规划，通过招商平台提前引入符合产业发展方向的相关企业。**四是**将产业引入情况作为项目审批的重要考虑内容。对于可引入鼓励类产业的，研究出台流程优化的措施。**五是**探索以引入产业的股权、现金等方式替代上交用地的方式。

（三）搭建平台，强化政府统筹作用

搭建信息、技术、招商、交易四大平台，并探索以“政府统租”方式衔接村级工业园与新型产业，强化政府在更新改造的统筹作用。**一是**组织各区开

展村级工业园调查摸底，加强村级工业园信息平台的建设；**二是**建立市、区、村集体经济组织在信息交互、技术支撑、问题解决等方面的技术平台；**三是**统筹做好招商平台，提前引入鼓励类产业；**四是**市公共资源交易中心、区级农村集体资产交易服务机构设立集体建设用地流转、交易平台，规范村集体经济组织以“以地引资”“以租抵建”等创新模式引入市场资金；**五是**探索以区政府为主导向村集体经济组织统租的模式，统筹规划，连片开发，统一招商、运营，打造“一条龙”式的改造平台，实现统一改造、统一租赁、统一招商、统一运营。

（四）完善村级工业园更新改造配套政策措施

尽快完善制度设计，明确村级工业园更新改造的内容，优化报批流程，提出产业扶持、鼓励连片成片开发、转为国有用地等相关政策，推进和规范本市村级工业园更新改造工作，进一步完善城市功能，优化产业结构，统筹城乡发展，促进节约集约用地。

“冀中南城市楼宇经济引领区”发展实践

郝双辉 *

2016年邢台市桥东区为适应经济发展新常态，培育经济发展新动能，区委区政府围绕商务楼宇资源，解放思想、大胆创新，大力发展楼宇经济，打造了一幢幢“竖立的经济开发区”，培育了新的经济增长极。多次受到各级领导的肯定。如何把楼宇经济工作做实、做大、做强，是下一步必须认真思考和着力推进的重要课题。

一、楼宇经济实践探索及存在问题

（一）形成了一套长效发展机制

为发展好楼宇经济，桥东区高度重视政府在楼宇经济发展中的引到和服务作用，从政策、资金、服务等方面制定了一系列管理办法和扶持政策：政策保障上，区委区政府通过了《关于进一步促进楼宇经济发展的实施意见》，出台了一揽子促进楼宇经济发展的利好政策；资金保障上，区委区政府列支专项资金；服务保障上，成立了桥东区楼宇经济管理办公室，制定了《桥东区楼宇经济招商服务手册》《楼宇经济入驻企业管理制度》等服务章程，为入驻企业提供工商、税务等一站式代办服务。

---

* 注：作者系邢台桥东区发改局局长。

（二）开辟了楼宇经济三大主战场

目前桥东区以世贸天街、顺德新街、开元观唐三大商务楼宇为主战场，瞄准京津冀、长三角、珠三角，发挥上海维音服务外包示范作用，打造世贸天街服务外包示范基地；发挥中关村冀南创新中心的平台作用，打造顺德新街总部基地和双创大厦；发挥巨人教育等一批培育教育企业的聚集作用，打造开元观唐培训教育特色楼宇。通过三大楼宇经济主战场发挥以点带面、示范引领作用，打造特色楼宇产业集群。

（三）打响了楼宇经济发展品牌

桥东区以楼宇经济为重要抓手，按照"政府引导、特色定位、培育龙头、市场运作"，在全区打造了"一个示范区、四幢特色楼宇、六幢千万元税收楼宇"，实现了入驻企业1000余家，创税1.8亿元，先后荣获了"2015中国楼宇经济研究实践基地""2015中国楼宇经济突出贡献奖""2017年冀中南楼宇经济引领区"等荣誉称号，被新华社、人民网、河北日报等多家新闻媒体广泛报道，获得了各级领导的高度赞扬和充分肯定。

未来桥东区将继续做大做强楼宇经济，把楼宇经济作为桥东转型升级的主战场、招商引资的主阵地、招才引智的主平台，在全区形成布局优化、业态丰富、特色鲜明的楼宇经济发展格局，着力打造成为"冀中南楼宇经济引领区"和全省新经济发展的亮点！

目前，制约楼宇经济发展的主要问题有：

一是邢台市桥东区高端商务楼宇较少。目前邢台市桥东区楼宇在建的多，建成的少，已经建成的商务楼宇售卖的多，自持的少，尤其是适合大型总部企业的配套齐全的高端商务楼宇更少。如唐宁十号，停车位十分紧张，网络信号不流畅，高端商务办公就很不便利。**二是**尚未充分发挥好楼宇开发主体、运营主体和招商主体的主动性和积极性。一年来，全区楼宇经济招商工作主要是靠政策引导和政府主导招商，招商方式单一，楼宇相关主体参与性较差。**三是**整体物业服务意识较差，物业服务直接影响楼宇经济招商，物业费用收得挺高，但是实际的物业服务很差，不催几遍事情解决不了。**四是**区域型总部、大型优质企业及新型经济业态少，目前邢台市桥东区楼宇里入驻企业大多都是培训教育、文化创意、广告设计、电子商务等传统业态，并且企业规模较小，本地企业较多，真正区域型总部企业、大型优质企业较少，新兴经济业态更少。

二、楼宇经济发展的方向和路径

（一）规划先行，科学引领楼宇经济健康发展

制定《桥东区楼宇经济发展三年行动计划》，规划明确了桥东区楼宇经济**总体定位**，即把楼宇经济作为桥东转型升级的主战场、招商引资的主阵地、招才引智的主平台。形成布局优化、业态丰富、特色鲜明的楼宇经济发展格局，着力打造“冀中南楼宇经济示范区”。同时计划明确了桥东区楼宇工作**时间节点**，通过提高楼宇“入住率”、企业“属地率”、税收“贡献率”，进一步增强产业聚集度，不断提升楼宇经济发展总量、质量和效益，使楼宇经济总体实力在全国城区排名中“争先进位”，楼宇经济实现特色化、品牌化、跨越式发展。

（二）示范带动，打造特色楼宇产业集群

一是初步认定三大特色楼宇，将世贸天街桥东区楼宇经济示范区的先进经验推广到全区，打造世贸天街服务外包与品牌特色楼宇、顺德新街总部经济与创新中心特色楼宇、开元观唐培训教育与金融保险特色楼宇等特色楼宇示范点。**二是**培养三大产业楼宇。重点围绕大商贸、大文化、大健康、大数据重点产业，瞄准京津冀，瞄准北上广，以项目大突破促进楼宇产业聚集。依托邢台市桥东区世贸天街、顺德新街、开元观唐三大楼宇经济主战场，发挥傲音科技

服务外包示范作用，打造世贸天街服务外包示范基地；发挥中咨－邢台产业研究院和中关村冀南创新中心的平台作用，打造顺德新街总部基地和双创大厦；发挥巨人教育等一批培育教育企业的聚集作用，打造开元观唐培训教育总部基地。通过三大楼宇经济主战场发挥以点带面、示范引领作用，打造邢台市桥东区特色楼宇产业集群。截至目前全区楼宇招商已签约入驻企业 47 家，总入驻面积 11 万平方米。

（三）政策护航，助力楼宇经济快速发展

一是制定《桥东区招商引资优惠政策及奖励暂行办法》。分别面向楼宇运营主体、入驻楼宇项目和项目推荐人详细制定了诸如一次性奖励、房屋奖励、税金奖励等有针对性的奖励政策。充分调动全区广大干部职工参与楼宇招商引资。**二是修改《桥东区促进楼宇经济发展暂行办法》文件。**制定了《桥东区关于进一步促进楼宇经济发展的实施意见》，明确提出要继续做大做强楼宇经济，创优模式、健全机制、强化招商、完善政策，逐步形成布局优化、业态丰富、特色鲜明的楼宇经济发展格局。

（四）机制保障，建立楼宇经济长效发展机制

一是构建三级联动机制。以楼宇办为基础，建立“区政府（楼宇办）—乡镇办—楼宇运营主体”三级管理运营模式，政企合作、企企合作、上下联动，精细管理，形成楼宇经济的长效管理运营机制。**二是实行重点楼宇辖区分包机制。**每幢楼宇由乡镇办主要领导负责，并明确一名楼宇专员，联合企业成立楼宇管理委员会，为入驻企业提供“全方位、精细化、一站式”服务。**三是创新楼宇等级考核机制。**出台《桥东区楼宇等级评比考核办法》，明确了具体考核奖励政策。将楼宇的整体情况（建筑面积、地理位置、楼宇品质等）、楼宇入驻企业管理水平（入住率、属地率）和楼宇纳税情况作为主要考核依据，以考核督促，以奖励激励，充分调动各楼宇主体招商引资的积极性。

三、下一步培育发展楼宇经济的思路及对策

贯彻落实党的“十九大”精神，深刻认识我国经济正处在转变发展方式、优化经济结构、转换增长动力的攻关期这一事实，深化供给侧结构性改革，以楼宇经济发展促进全区现代服务业发展，不断提升全区经济的创新力和竞争力。

（一）明确“一个目标”

以培育高端特色楼宇为重点目标。走“打造专业楼宇，实现产业聚集”之路，鼓励、引导楼宇运营主体进行楼宇功能定位，引导相同或相近产业形成聚集效应。积极开展“特色楼宇”认定工作，对已经初具规模的商务楼宇由政府给予挂牌认定，以点带面、示范引领培育更多特色楼宇。

（二）建立“两大机制”

建立灵活招商机制与精准奖扶机制。积极对接京津产业转移、非首都功能疏解，通过平台招商、中介招商、以商招商等招商方式，紧紧围绕“大商贸、大文化、大健康、大数据”四大产业定位，重点引进“高贡献、高成长、高就业”三高企业入驻，全面推进楼宇招商引资工作。结合《桥东区招商引资优惠政策及奖励暂行办法》，以政策促招商，以招商聚项目，以项目创产业，充分调动楼宇主体招商、安商积极性，为楼宇发展提供有力支撑。

（三）突出“三个打造”

打造产业楼宇。围绕总部经济、双创平台、孵化基地、文化创意、体育健身、健康养老、互联网经济等新兴经济业态，打造和培育产业楼宇（即每幢楼宇有 1～2 个主导产业，80% 入驻企业符合产业定位要求）。力争到 2020 年底实现邢台市桥东区产业楼宇占比过半。**打造人才楼宇。**围绕主导

产业，依据“千人计划”“万人计划”吸引高端人才领办、参办的企业（项目）入驻。2020年底力争打造2幢高端人才楼宇，楼宇高端人才占有量达全区高端人才总量的30%以上。**打造“两率”楼宇。**围绕楼宇入住率、楼宇企业属地注册率两大目标，力争“入住率、属地率”每年保持10%以上年增速，到2020年争取实现楼宇“入驻率、属地率”90%以上。

贯彻新发展理念，着力推进创新驱动，加快楼宇经济功能、产业、模式、管理、效益全方位升级，全面激发市场的活力、社会的活力、政府的活力，以楼宇经济的发展带动经济转型升级，让楼宇经济的活力在桥东区现代服务业发展中迸发，由此必将实现桥东区经济发展新突破。

中国楼宇经济专题研究报告

《中国楼宇经济专题研究报告》——结合《中国楼宇经济发展报告（2017）》研究主题，重点选取建设城市活力空间、通风廊道气候规划、创新推进“城市双修”、城区产业发展高端化特色化策略、台湾产业园区转型发展动向启示等子课题展开深入探讨，进一步深化与拓展了对楼宇经济的研究。

杭州建设城市活力空间的思路与对策

王明琳 *

在新型城镇化的背景下，城市建设理念从以物质环境为核心转为以人为核心，更加注重对城市历史价值、文化多样性与空间活力等的综合考量。从国内外城市发展经验来看，优化城市空间系统，打造多样性的城市活力空间是城市建设发展的趋势，也是城市发展进入精细化阶段的必然需求。杭州正在努力打造世界名城和建设历史文化名城、创新活力之城、国际商贸中心，构建充满活力的城市空间体系，既是推进新型城镇化的重要内容，又有助于激发城市活力，增强文化多样性和包容性，提升杭州的特色与魅力。

一、城市活力空间对杭州城市建设发展具有重要作用

20 世纪 60 年代，美国记者简 · 雅各布斯通过实证调查，总结出城市最基本的特征是人的活动。“人与人活动及生活场所相互交织的过程，所形成的城市生活的多样性，使城市获得了活力。”而城市空间是除了居家环境外，人们接触最多的环境。因此，城市空间的活力便成了引导一个活力城市的标杆。

所谓城市活力空间是指城市居民乐于集聚和使用的空间，这些空间通过对活力的储蓄和演化，激发经济活力与商业吸引力，传达特定的人文价值。城市空间的活力追求的是营造出一个充满趣味性与丰富性并重，公益性与商业性兼顾的空间场所，它是包容多元城市生活、整合复杂城市要素、创造人性城市

* 作者单位：杭州师范大学。

环境的媒介。

（一）城市活力空间是增强杭州城市活力的源泉

城市活力大体分为经济活力、社会活力与文化活力。首先，城市活力空间实现了三大活力的有机融合与相互促进，它所激发的人的集聚、体验和交往具有传统社区和虚拟网络所无法替代的特质，可以给老旧城区注入新体验，给开发区等新建区域提供旺盛的人气。其次，创新需要活力空间支撑，城市活力空间所营造的公共或私密空间，推动不同层次人的交往，促进不同的世界观、生活方式和创新理念的不断碰撞，激发出大量的创新火花与生机勃勃的生活氛围，能够极大地推动杭州创新创业活动。

（二）城市活力空间是彰显杭州城市个性化的窗口

在城市现代化进程中，杭州同其他城市一样，也面临城市个性逐步消减，城市发展逐步同质化和趋同化的挑战。同时，随着城市急速发展和不断扩张，旧城区大规模改造，城市公共空间变得越来越缺乏，面临着公共空间的单一性与城市生活的多样性的挑战。而城市活力空间是整合城市功能和要素的媒介，使传统社区焕发新价值，塑造个性品位，使城市生活在空间上分布更趋均衡性，更好满足多种使用者群体的个性需求，从而强化城市特色，增加城市凝聚力。

（三）城市活力空间是打造杭州城市特色景观的载体

成功的活力空间追求建筑与人文的统一，生态与景观的协调，具有特色的视觉景观和较强的空间识别性，往往成为当地著名的旅游景点。新加坡滨海湾地区新建的一些标志性建筑和设施，例如金沙酒店、螺旋桥、超级树林、摩天轮，同鱼尾狮、浮尔顿酒店等历史要素一起，强化了区域景观特色，增加了休闲旅游活动的吸引力。杭州建设多节点的城市活力空间，通过特色景观的建构，既可以彰显历史文化资源（工业遗存）景观，也可以塑造全新的人工特色景观，为杭州打造国际重要的旅游休闲中心提供更多特色旅游产品。

（四）城市活力空间是培育杭州文化精神的土壤

活力空间通过文化设施、文化活动及建筑艺术、环境艺术来表现城市文化主题特色，有助于提升城市整体文化品位。活力空间还能够促进文化多样性发展，兼顾高雅文化和草根文化、民俗文化的融合，使文化渗透到城市生活之中，既给大众创业万众创新提供更多的思想源泉，又可以让鲜活的城市大众文化有空间承载，有主体参与，让城市文脉得到更好传承，增强城市文化的独特魅力与特征，对杭州建设历史文化名城和东方文化国际交流重要城市具有重要的意义。

二、国内外建设城市活力空间的成功案例

巴黎、东京等城市，注重在较大尺度的城市区域内发现那些具有独特空间环境资源和发展潜力的地段，以城市设计为主要手段来构筑激发城市活力的关键切入点，并通过混合功能、人性化行为环境、综合交通网络等协同，打造城市活力空间，提升城市活力与特色，这为杭州提供了有益的经验。

（一）法国巴黎拉·维莱特公园

该公园在建造之初目标就定为：一个属于21世纪的、充满魅力的、独特并且有深刻思想意义的公园，既要满足人们身体上和精神上的需要，同时又是体育运动、娱乐、自然生态、科学文化与艺术等诸多功能交混的开放性的绿地，并且成为各地游人的交流场所。公园面积约55公顷，分成南北两部分，北区展示科技与未来的景象，南区以艺术氛围为主题。公园由点、线、面三种要素叠加，可以互相关联，也可以单独成一系统。26个红色的构造物形成点

状的结构，有些仅作为点的要素存在，有些点则作为信息中心、小卖饮食、咖啡吧、手工艺室、医务室之用。线的要素有长廊、林荫道和一条贯穿全园的弯弯曲曲的小径，小径联系起公园的十个主题园。面的要素就是十个主题园，包括专门为孩子设计游乐园区；有为青年聊天、聚会、开小型演奏会设计的空间；有为思想者设计的“冥想世界”；也有为大众设计的公共空间。拉·维莱特公园的设计充分体现了城市活力空间所需要具备的元素与设计原则，不仅是一个吸引人的公园，还是一个充满活力的城市客厅。

（二）美国巴尔的摩内港地区

随着战后的经济转型和产业变迁，曾经繁荣的巴尔的摩港口逐渐衰落。为激发新的城市发展动力，从20世纪50年代末开始，巴尔的摩内港地区启动了城市振兴项目。60年代完成的巴尔的摩发展概念规划把内港区域定位为文化、休闲和旅游功能。经过30余年的持续建设，在约40公顷的范围内，围绕滨水公共空间建成了商业、文化、娱乐、宾馆、展览、居住（外围区域）等混合功能的城市公共生活的核心，成为市民和旅游者共享的特色活力空间。巴尔的摩内港区开发项目在经济和城市形象的提升上都是成功的，极大提升了巴尔的摩内港区的空间品质，并促进了城市的繁荣和社区环境的改善。巴尔的摩成为美国东海岸游客参观游玩的主要目的地之一，巴尔的摩居民到港湾市场的购物人数占其总购物人数的45%。1984年，该项目被美国建筑师学会提名为“美国历史上最为成功的城市设计与发展项目”，2009年美国城市土地学会授予该项目“杰出成就奖”。巴尔的摩的发展结果表明，一个成功的活力空间开发项目，能够在一定程度上拉动城市的经济发展和社会发展。

（三）日本六本木新城

六本木新城是著名的旧城改造、城市综合体的代表项目。占地约11.6公顷，历经约17年完成建设，成为年均4000万客流量的“城市中的城市”。整个新城50%以上的区域被规划为室外开放空间，大体量的高层建筑与宽阔的人行道、大量的露天空间、大面积的园林景观交织在一起，地下、地面、屋顶构成多层次公共空间，在高密度区域形成“垂直庭院城市”。新城集办公、住宅、酒店、商场、美术馆、电影院、剧场、电视台、学校、寺院、历史公园和地铁车站于一体，以密集的功能、集成的服务，创造一种更具效率和魅力的未来城市生活形态。公共空间内的大量公共艺术作品，进一步增强了区域的环境特色和吸引力，成为独特的艺术文化街区。六本木新城不仅是承载丰富城市生活的舞台，同时还为使用者带来了丰富的空间体验，成为一个超大型复合性都会地区，约有2万人在此工作，平均每天出入的人数达10万人。

（四）上海新天地广场

新天地广场是上海旧城公共空间改造中的一种成功模式，其上海石库门弄堂的独特海派文化风韵和格调时尚的中外餐厅、茶坊和艺术展廊等，既有效地保留了旧城区的历史风貌，又满足了现代生活的需求，也突出了上海文化的个性和内涵，实现了保护与开发的有机融合。从空间形态上看，通过对原有狭窄、拥挤的里弄空间进行疏通整合，形成步行街、广场等开敞空间，使得整体空间格局疏密有致、收放自如，同时，还着重把具有石库门文化特征的建筑与部件保留下来并加以利用，使整个公共空间富有浓厚的地域色彩。新天地广场还设置了众多的露天茶坊和咖啡座等公共设施，淡化了公共空间与私人空间的界限，大大地激发了不同人群之间交流的可能性，丰富了公共空间的活力。同时，健全的公共设施以及设计新奇的街道家具营造了良好的休闲气氛，精心的环境设计以及良好的施工质量保证了高品质的环境质量。

三、杭州建设城市活力空间的思路与对策

从全球来看，建设城市活力空间的城市往往具有成为全球城市或区域经

济中心的目标与愿景。建设城市活力空间有效契合了杭州建设世界名城的战略，杭州要按照城市发展总体要求，更加重视城市活力空间建设，把活力空间作为今后城市建设的着力点。

（一）注重规划的整体布局

杭州已经规划建设了钱江新城、创新创业新天地、城市之星等一批城市活力空间，但数量总体偏少，尤其高端特色的较少，分布相对无序，缺少系统规划。应更加注重城市活力空间的规划布局。**一是强化总体统筹。**结合城市总体规划新一轮修编，把活力空间作为城市功能的重要内容，在城市总体规划上进行总体统筹，提出明确的建设目标。系统规划活力空间要突出两大重点，即老旧城区通过活力空间实现功能改造与价值重塑，新建区域通过活力空间实现功能完善与人气聚集。**二是强化分区布局。**按照人口集聚、业态、交通设施与周边公建配套等情况，在每个城区、开发区、集聚区等布局若干个活力空间项目。优先在大城北、大城西、大江东、下沙、之江等区块加快布局。主城区的活力空间既要突出差异化、个性化布局，又要点、线、面结合，实现空间上的贯通。县（市）也可以规划建设相对小型的活力空间。**三是强化规划整合。**活力空间建设规划还要与土地利用规划、综合交通规划、地铁专项规划、商业设施规划、公共服务设施规划、产业规划等衔接配套，实现功能整合。

（二）注重设计的超前与优化

纵观国内外城市活力空间建设，超前的设计和开发计划是项目成功的前提。**一是注重概念的设计。**对标全球著名的活力空间，把新的发展理念、流行都市生活形态、超前的城市美学等融入概念设计中，打造复合性的空间概念。尤其要将艺术设计、商业价值与开放空间规划结合起来，将整体空间塑造得更为多元化。如东京六本木新城提出建设超大型都会复合性休闲文化商业中心和“垂直花园城市”。**二是注重立体化设计。**活力空间建设需在土地高效利用的基础上，综合考虑街区功能，设计立体化空间。如六本木新城以垂直流动线来思考建筑的构成，使整体空间充满了层次变化感，并将音乐厅、电影院等无需窗户和室外光线的设施建设在地下空间。**三是注重活力因素设计。**在设计活力空间时，充分考虑空间尺度、交通可达度、交混功能、公共设施、街道家具、公共文化活动活力因素。

（三）注重功能的有机混合

空间功能的聚集是增强城市活力的主要因素之一。因此，功能的多元化、混合性是活力空间的基础。**在老旧城区，**可以建设功能相对简单的活力空间，如以公共绿地、广场为主体的开敞空间；也可在城郊接合部、城中村等空间破碎化地区，进行功能整合与补充，实现功能与环境的有效缝合，提升城区品质；还可利用杭钢等大型工业遗存，进行多功能的有机混合，打造新的“城市超级客厅”。**在新建区域或较大尺度空间，**应尽量实现多样化的功能混合，从而最大化吸引不同的消费人群，包括市场、购物中心、酒店等商业功能，博物馆、美术馆、城市游乐场等文化娱乐功能，还有科学中心、会展中心、贸易中心等商务功能，住宅、公寓、幼儿园等社区功能，以及公园、步行街、广场等开敞空间，并用完善的交通体系连接形成丰富的功能圈。

（四）注重长期持续投入和有节奏打造

城市活力空间是一组项目群，持续性投入和有节奏地打造引擎项目是城市活力空间成功的保障。尤其大型引擎项目是实现经济和商业活力的关键，是整体项目实现收益平衡的重要条件，要优先选择好引擎项目，并充分保障建设资金。如巴尔的摩内港区把会展中心、水族馆、博物馆等作为引擎项目，虽然前期效益并不明显，但是对提升项目的核心竞争力，推动项目持续建设具有非常大的作用。在建设后期，已经从项目中每年获得 2500 万到 3500 万美元的税收，吸引游客达 700 万人，旅游消费额达 8 亿美元。此外，活力空间整体投资非常大，政府除了要在征地、拆迁和基础设施配套等投入大量启动资金，还要通过合作开发、PPP 等吸收社会投资，进行分期投资，保障项目兴建的持续性。

（五）注重业态的选择与配合

合理的业态分布是实现人气与盈利两大效益的前提。活力空间的盈利模式立足全局观念，是公益性、引擎性与商业性多个项目综合平衡的结果，单个项目上难以实现均衡的投入产出。因此，业态选择与布局是决定活力空间成效的关键。可利用钱塘江、运河、西溪等水系，打造滨水活力空间，通过大型购物中心、绿地、广场和旅游设施为引擎项目，集聚大量人气，吸引游客和本地顾客，保障核心区的人气与活力，提升周边区域的地价。同时，在商业中心周围布置住宅、旅馆和办公楼，带动周边区域土地地价上升，从而使开发营利性项目短期内实现收支平衡，为活力空间注入大量人流。

（六）注重综合交通体系的构建

通达的交通是活力空间的基础。应在规划之初就充分考虑到将地铁、公共交通、慢行系统、停车场、地下通道、空中廊道、开放式广场等结合，将人的流动放在第一位来考虑。还要重视内部交通，注重完善、舒适、安全的步行系统，使之串联各种功能空间，促使多样化空间的混合发展。此外，要充分考虑竖向交通体系，利用竖向空间，建设一个“垂直”的而不是“水平”的都市，减少人们的交通时间。

杭州通风廊道气候规划基础研究

张　力　胡德云　俞　布　梁卓然*

随着杭州城市的迅速发展，城市高层建筑日益增多，使得城市内部空气流动不够通畅，对城市空气环境造成一定不良影响。科学合理规划城市通风廊道，不仅可以改善城市内部的空气质量，减少“热岛效应”，同时也能有效降低城市传染性疾病的发生和大面积扩散，有助于提升居民生活质量。为此，市气象局、规划局和环保局联合组织开展研究，针对杭州城市化进程中的突出气候环境问题，系统评估杭州城市通风环境、热环境和城市暴雨现状，分析气候环境对城市规划布局的影响，得出杭州市现存主要通风廊道、热压环境和暴雨分区等一系列可以作为规划参考的应用型成果。

一、杭州城市气候环境现状

（一）城市气候变暖趋势明显，热岛效应加剧，并呈现外疏内聚、岛链分布的热空间形态

近50年来，杭州年平均气温增温0.36度/10年，高于全国0.25度/10年，高温日数增加3.3天/10年；平均热岛强度约1.5～2.0度，属于中等到强热岛等级，极端小时热岛强度达5℃，略低于上海的6℃。杭州呈现外疏内聚的热分布形态，以山地丘陵和江湖湿地为载体的6条生态带为临近城市的重要冷

* 作者单位：杭州市气象局。

源，对城市具有明显的热疏解作用。以主、副城和城市组团为核心的城镇区域则表现为热聚集区，呈现组团式、岛链状的热分布特征。杭州主城、滨江—萧山、下沙、临平、临安、富阳6个城市热组团，另有未来科技城和大江东产业集聚区呈现潜在的热聚集状态。目前，除主城、滨江—萧山两组团外，各热组团总体保持良好间距，并在钱塘江两岸分别形成两条东西走向的城市热岛链。随着城市扩展，临平、下沙热组团具有西向蔓延趋势，并有可能与主城热组团合并，而原本相互独立的滨江—萧山热组团继续呈现合并扩张的发展趋势，可能致使杭州的“链状”热岛特征消失，形成围绕主城的“摊大饼式”强热岛中心。

（二）城市通风能力减弱，城区静小风特征明显，但郊区尚存在可利用的风资源区

20世纪80年代以来，杭州城市平均风速显著降低，降幅约每10年0.36米/秒，高于全国指标0.12米/秒，并呈现城区静小风“低谷”特征，中心城区风速较郊区偏小30%。根据城市通风潜力现状，杭州郊区存在5个通风良好的大风资源区，分别为东天目山—径山大风区、灵山—龙坞—午潮山大风区、龙门山大风区、钱塘江大风区和江东湿地大风区，该地区平均风速大于3米/秒，为城区周边的重要通风源地。同时，城市小风区、富春江沿岸小风区和临浦谷地小风区为杭州现存的3个通风条件一般的区域，平均风速低于1.2米/秒。其中富春江沿岸受两侧山体对冬、夏季主导风的遮蔽作用，为杭州冬季小风区，临浦谷地为杭州夏季小风区。受西部山地和东部海洋气候的调节作用，杭州存在山谷风、山地平原风和海陆风等局地风资源，是静稳天气条件下可利用的清洁风源，可以有效改善局地风流通环境。其中，海陆风主要影响大江东地区，山谷风和山地平原风资源主要分布在北部东天目山—径山、西部西湖风景区及南部青华山、石牛山一带。此外，受地形遮蔽及中、小尺度局地环流影响，杭州城市主导风空间差异明显，并可划分为14个风玫瑰分区。

（三）城市短历时、致灾型降水概率增大，暴雨强度空间差异明显

杭州呈现小雨日数减少，大雨日数增多特征，其中 3 ~ 6 小时短历时、致灾型降水概率明显增大。杭州城区 1 年、5 年和 10 年一遇 1 小时雨量最大值分别为 46 毫米、75 毫米和 87 毫米。此外，根据各历时最大降雨量空间分布，杭州城市暴雨强度空间差异明显，并可划分为 17 个暴雨强度公式分区。受地形迎风作用和局地气候影响，余杭北部、富阳南部、萧山中部及下沙东部为杭州城区暴雨强度中心区，而萧山南部、余杭东部等区域暴雨强度总体偏弱。

二、改善杭州城市气候的规划策略

（一）预留保护城市风廊，改善城市呼吸

建议预留保护三级城市通风廊道。一级通风廊道为杭州的“城市通风动脉”。目前，现存的一级通风廊道主要分布在城郊，为杭州主要城市通风空间。受冬季西北风，夏季偏南、偏东风的主导风影响，杭州一级风廊总体呈“三纵三横”格局。其中冬季风道分为 6 条，总体呈西北—东南方向，包括西部南苕溪、北苕溪两条风道，东部江东风道、萧山东风道，南部浦阳江风道及北部余杭东风道。夏季风道分为 5 条，总体呈西南—东北方向，包括北部苕溪风道，中部钱塘江风道，南部富春江风道，以及东部的两条杭州湾风道。目前，杭州一级风廊主要以生态空间或低强度开发空间为主，基本形态保存良好。二级通风廊道主要分布在城市边缘，作为一级风廊向城市内部延伸的“城市通风静脉”，呈现“六横四纵、外承内接”的空间分布特征。“六横”分属留石风道、余杭塘河风道、西溪风道、德胜风道、机场高速风道和湘湖风道，“四纵”为下沙风道、运河风道、良渚风道和沪昆高速风道。受城市下垫面粗糙度增大影响，二级风廊的通风能力有限且难以实现城市贯通。后期需结合城

中村改造，腾退用地等城市改造契机，预留并拓宽通风廊道，尽可能向城市内部延续通风空间。三级通风廊道总体位于城区内部，呈现“五横七纵”布局。三级风廊已不具有明显的通风功能，但仍可作为二级风廊渗入城市内部的“毛细血管”，通过绿廊规划的方式合理布局，对缓解局部热压，改善局地空气流通具有重要的气候价值。

（二）修复拓展生态缓冲区，疏解城市热岛

建议在城市总体规划层面，对以生态带为载体的热疏解区加强保护，并强化对临近城市生态冷源的禁建控制。在6个城市热岛组团之间，结合城市一、二级通风廊道修复并构建连续、稳定的生态缓冲区，有效隔断各热岛组团，保持良好间距的岛链形态，控制热岛组团的蔓延趋势。同时基于三级通风廊道（城市绿廊），构建起自外而内的城市绿楔，由此打通城市组团外围与内部的空间联系，促进城市热岛的缓解。在详细规划层面，通过与控规单元结合，基于地块热压状况适时调整用地性质、建设强度及绿化率等规划指标。针对热岛较强的区域，强化气候论证，构建可与外部生态带及绿楔相联系的带状绿地，并鼓励城市中心绿化、屋顶绿化和立体绿化。

（三）强化小气候资源应用管理，推进城市分区精细规划

目前，杭州已绘制完成覆盖市域范围的分区风玫瑰图和分区暴雨强度公式，建议各归属行政区在城乡规划、小城镇规划和海绵城市建设时，结合并加以应用。同时，在气候变化背景下，每隔10年适时修编分区风玫瑰图和暴雨强度公式。此外，应强化对山谷风、海陆风等气候资源的保护和控制性开发，如山脊鞍部和山谷不宜作为建设用地，局地风流域应避免布置工业用地等，如因公共需要确须进行规划、建设时，应提前进行气候可行性论证。

三、对下一步杭州气候规划工作的思考

（一）加强气候规划研究成果科学普及，挖掘气候资源优势趋利避害，助推杭州一流城市建设

基于城市气候规划研究成果，将气候学引入城市规划，通过相关部门间学术交流、技术培训等方式，使规划师认识到城市气候的重要性，并将其应用于城市规划实践，确保杭州多种城市气候资源得以充分挖掘、保护和利用。

（二）推进气候规划研究成果转化应用，融入新一轮杭州城市总体规划修编工作

加快推进成果在《杭州市城市总体规划》修编及后续分区规划中的应用。目前杭州正在推进“多规合一”，但尚未真正实现气候规划的全面参与，需加强对气候规划研究成果的转化和应用，使城市气候真正融入杭州城市总体规划。

（三）注重详细规划对城市气候影响的可行性分析，探索重大工程建设的气候可行性论证

气候可行性论证是城市气候规划的重要载体。目前，世界上已有15个国家、超过50个城市开展相关研究和应用。建议杭州进一步推动针对城镇规划、重大工程建设的气候论证，注重对项目气象安全及周边气候环境影响的综合评价，通过建立常态管理机制，将气候可行性论证纳入城市管理体系。如大江东产业集聚区受夏季偏东方向主导风影响，将成为杭州上行风影响区，应合理布局工业，并做好通风空间的预留。

宁波创新推进“城市双修”的思路与对策

冯 路*

2017年4月，宁波获批国家“城市双修”和“城市设计”双试点城市。先发城市经验证明，“城市双修”不仅是城市的“化妆笔”，更是驱动城市转变发展方式、源头性治理城市病的“对症良药”，这对于宁波高水平建设“名城名都”意义重大。建议围绕“城市双修”的内涵，认真落实相关意见和要求，结合自身特色，加快创新推进。

一、“城市双修”的内涵

“城市双修”是“生态修复、城市修补”的简称。“生态修复”要求的是将城市开发对生态系统的干扰降到最低，并通过一系列手段恢复城市生态系统的自我调节能力，促进生态系统的动态平衡；“城市修补”则要求城市功能体系及其承载的空间场所得到全面系统的修复、弥补和完善，使城市更加宜居、更具活力、更有特色。①

因此，“城市双修”可视为中国特色城市更新的升级版，更加强调更新工作的人本化、系统化、精细化和品质化，是破解当前城市化发展诸多问题的有益探索。在中央先后提出“五位一体”建设思路和五大发展理念，以及召开城镇化工作会议和城市工作会议大背景下，宁波成为国家第二批“城市双修”试

* 作者单位：宁波市政府发展研究中心。

① 中国城市规划设计研究院，《催化与转型：“生态修复、城市修补”的理论与实践》[M]，中国建筑工业出版社，2016。

点，责任重大、使命光荣。

二、“城市双修”国家试点的基本要求

国家住建部此次选择了19个不同性质、规模和类型的城市作为“城市双修”试点，旨在探索总结更多可复制、可推广的“城市双修”经验，引导各地学习借鉴，为下阶段全面推广奠定基础。围绕这一目标，住建部也提出了一系列试点要求：

第一，思想上高度重视。国家住建部部长陈政高强调，各地要坚决贯彻落实党中央、国务院决策部署，市委、市政府领导亲自抓部署抓落实，全面推进城市“双修”工作，以优异成绩迎接党的十九大胜利召开。①

第二，目标明确。《住房城乡建设部关于加强生态修复城市修补工作的指导意见》（以下简称《指导意见》）明确，到2020年“城市双修”工作初见成效，被破坏的生态环境得到有效修复，“城市病”得到有效治理，城市基础设施和公共服务设施条件明显改善，环境质量明显提升，城市特色风貌初显。

第三，建立顺畅的推进体制机制。《指导意见》明确，将“城市双修”作为各城市住房城乡建设、规划等部门的重要职责。此外，住建部城市建设司正在组织编制的《城市生态修复导则》也明确，城市人民政府是城市生态修复的责任主体，住房城乡建设部门（园林、规划、市政、城管等）牵头会同发改、财政、国土、环保、水利、农业、林业等部门，共同推进城市生态评估和修复工作。

第四，实施全面的工作部署。《指导意见》明确，要围绕完善基础工作，统筹谋划“城市双修”；修复城市生态，改善生态功能；修补城市功能、提升环境品质；健全保障制度，完善政策措施等四个方面部署开展各项工作。住建

① 摘自：国家住建部部长陈政高在全国“双修”工作现场会（2016）上的讲话。

部城乡规划司相关负责人还提出，试点工作要突出探索推动“城市双修”的组织模式，践行规划设计的新理念新方法，先行先试“城市双修”的适宜技术，探索“城市双修”的资金筹措和使用方式，研究建立“城市双修”的长效机制，研究建立“城市双修”成效的评价标准等六个方面重点任务。①

第五，强化技术支撑。“标准化”成为关键。正在编制的《城市生态修复导则》已经就整个“城市双修”过程，明确了精细化的实施路径和体系化的技术指标。

三、三亚试点的经验借鉴

三亚市作为首个“城市双修”国家试点城市，两年来谋划推进了一系列重大创新，成效显著，得到了国家住建部部长陈政高的高度评价（2016 年全国“双修”工作现场会）。陈政高部长提出的“立意高远、领导带头、工程具体、多方协同”三亚市经验实质，值得宁波高度关注和学习借鉴。

（1）立意要高远。三亚市将“双修”工作提升到了“四个意识”的高度，敢于实施重大改革创新。**一是**推进体制改革，成立联合领导小组，统筹各方面力量，深化部市合作（见上图）。**二是**规划改革，全面提升规划的系统性，打破以往城市规划设计只做宏观不做微观的旧模式、旧体例。**三是**保障创新，除加大投入外，还成立技术工作组，负责统筹项目规划设计、提供项目建议、服务项目建设和跟踪项目实施，并以“小分队”的形式与各工作组一一对应，加速问题破解。

（2）领导要带头。陈政高部长指出：“在海南省委、省政府支持和帮助下，三亚市委、市政府领导不怕困难，不怕矛盾，顶住压力，决策在第一线、指挥在第一线、决胜在第一线，这是三亚经验的根本。”

① 林培，以点带面促转型——住房城乡建设部全面部署开展“城市双修”工作［N］，《中国建设报》，2017.04.24 第一版。

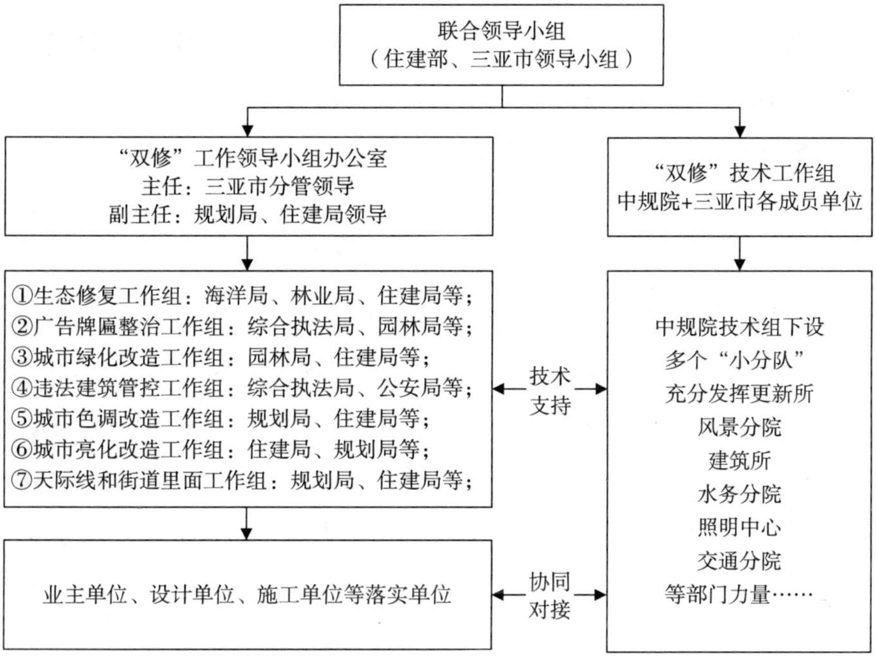

（3）项目部署要具体。主要体现在以下三个方面：

一是系统实施。三亚市编制了《三亚市生态修复城市修补总体规划》等6项专项规划，整体上对试点工作进行布局引导，协调规划目标，制定实施方案和年度计划，建立项目库和建设时序等。2017年又安排52.78亿元实施42个项目，包括山体修复、污水处理、水系连通、地下综合管廊、湿地公园等。

二是突出重点。以治理内河水系为中心，修复城市生态体系；以打击违法建筑为关键，破解城市修补难题；以强化规划管控为重点，优化城市风貌形态。在生态修复方面，实施山、海、河三大修复工程；在城市修补方面，打好六大战役：拆除违法建筑、整治广告牌匾、改造城市绿地、协调城市色彩、实现夜景亮化、改造城市天际线和街道立面。①

三是聚焦问题。如水系修复方面，由于诸多历史原因，三亚市水系统破

① 摘自：三亚市政府在全国“双修”工作现场会（2016）上的报告。

坏十分严重。对此，三亚市系统梳理了中心城区的水系结构，规划形成水利安全、生态安康、景观优美且与慢行系统和绿道相结合的蓝色网络。通过清污除塞、水系贯通解决河道淤塞问题；通过分类分段的修复策略解决岸线硬质化、污水直排等现状问题；以及努力将中心城区的水系打造成以雨洪为友的城市海绵系统。此外，还明确城市水系的保护和开发强度，确定中心城区城市蓝线和水系喝到两侧后退绿线，明确推线距离和管控要求。

（四）多方要协同。“城市双修”与市民利益息息相关，亟需全体市民的共建共享。为此，三亚市通过电视媒体、平面媒体、网络平台、宣传会等形式持续推广“城市双修”理念，扩大战略影响，促成社会共识；通过媒体调查、驻场问卷、实地探勘、走访座谈等形式始终保持与公众的交流互动，了解市民需求，凝聚社会力量。此外，还包装推出了一系列PPP项目吸引社会资本参与，如中交海投牵头的联合体中标总投资额约11亿元的地下综合管廊项目。

四、创新推进宁波“城市双修”试点工作的若干建议

宁波要把握双试点契机，准确理解“城市双修”的本质内涵，深入落实国家试点的基本要求，在学习借鉴国内外城市先进经验和有益探索的基础上，以人为本、问题导向、系统性和创新性地推进各项工作的开展。

第一，深刻理解“城市双修”的重要性和必要性，引入国家和浙江省力量成立联合领导小组，共同推进规划制定、工作开展和考核评估。明确市住建委和市规划局在“城市双修”试点中的重要职责，牵头梳理多部门共建共享的体制机制，整合资源、资金和项目，构建长效机制。学习借鉴三亚经验，充分保障专业化技术工作组的话语权和参与决策权，提升决策的科学性和规划的可操作性。

第二，把“城市双修”规划体制机制创新作为“城市设计”试点的关键性工作。在学习借鉴三亚经验的基础上，进一步发挥计划单列市的政策优势、

彰显“名城名都”的独特魅力，重点探索三大创新：**一是规划主体创新**。选取具备全过程服务能力和条件的“第三方”，共同制定总体规划，持续参与项目实施和事后监督，构建“行政统筹负责、技术协同对接”的整体框架。**二是规划内容创新**。在宏观、中观、微观三个层面进行系统性设计，包括对城市总体生态格局的保护与管控，对山脉、海岸、水系廊道等各系列层面的中观梳理，对建筑、街道等景观的微观设计，以及从“规划设计工作指引”的角度完善制度保障。**三是规划落实创新**。从“设计、实施、推进、保障”的全流程视角系统化制定规划，专家全程参与项目实施，各区（市）县和部门加强跟踪对接，市人大和市级部门及时制定出台相关地方性法律法规和相关管理规定保障规划落实，从而打破过去规划“墙上挂挂”“纸上画画”的弊病。

第三，充分发挥“城市双修”对东方文明之都打造的带动和支撑作用。一是系统谋划，彰显整体性。对城市空间格局中的各类要素进行系统梳理，确定城市的总体空间结构，以及山、河、城、海相融合的形态特征，在此基础上确定城市的高度形态、色彩风貌，以及城市绿地景观、公共空间和视线视廊等系统的总体要求，塑造现代都市、品质之城的整体形象。**二是突出重点，彰显个性化**。在“城市双修”中不断强化城市的“东方文明之都”形象识别系统，包括城市核心品牌、标志建筑、发展哲学、整体氛围、市民行为、文化传承、肌理延续等。在当前各级政府受制因素较多的条件下，可以去引进一些战略合作者，构建“命运共同体”或“利益共同体”，共同建设东方文明之都的主轴线。**三是注重细节，彰显人性化**。水系修复、城市景观“串珠成链”、江岸的美化亮化、商业街的形象提升、城市道路的功能整治等是重点。以城市道路为例，宁波的中山东路、百丈路、姚隘路等主干道和相贯通的支路亟待整体性提升和精细化管理，可借鉴三亚市凤凰路的整治经验。凤凰路是贯穿三亚市区的城市主干道，通过改造，不仅提升了路面质量和通行速度，而且充分挖掘了道路绿地渗、蓄、滞、用和排等功能，可滞蓄暴雨径流量达到60%，再加上以棕榈科植物作为行道树，使其成为颇具区域特色的城市景观走廊。

第四，积极探索社会力量参与“城市双修”的创新路径。深圳和上海走在国内的前列，私募基金参与旧城改造类项目的比重在增加。主要方式是与开发商合作，以股权、债权或股债结合方式将资金投入项目；也有一些既做投资者又做具体项目的私募基金，如上海的高和资本收购上海中华企业大厦案例，以及深圳的伟禄集团、方大集团等。宁波应借鉴这些城市的先进经验，主动向社会借财借智，及时出台社会力量参与“城市双修”的指导意见和激励办法，搭建 PPP 项目库。

杭州九城区产业发展高端化特色化策略研究

周旭霞*

产业高端化是将知识、技术、资金高度集中于某一产业，高端化既是最先进的科技创新水平和最强大的资源配置能力的当下反映，又是未来产业发展层次和竞争力的方向标。近年来，杭州经济整体转型升级加快，产业结构优化明显，科学技术与生产的结合日益紧密。加快杭州产业高端化发展，既是调整经济结构、改善杭州经济发展质量的迫切要求，又是融入世界经济、占据产业竞争制高点、增添经济发展新动力的必然选择。

一、产业高端化、特色化的实现机理

（一）特色化与高端化的关系

我国自古以来就有“物以稀为贵”的道理，对于产业发展来讲，也只有做到了“人无我有、人有我优”产业才能“特”起来。产业特色化不仅单纯追求产业有特色，而且还要确保特色能够深入到产业化的各项内容和运转过程当中，形成一种使产业发展不会掉入可被替代的陷阱。产业特色化能有效克服和解决产业趋同或过分同化乃至丢失自我的问题，推动城市实现以特色化为主线的综合增长与优质治理。产业高端化是以高新技术为核心、以创新为手段、以高端产品为标志、以价值增值能力为方向的现代产业体系。对一个城市或一个

* 作者单位：杭州市社会科学院。

区域而言，越是有特色的产业，其产业生命力越长久，同时，特色化也需要建立在高端化的基础之上，没有高端化的提升，特色化也难以为继。

（二）产业高端化的发展边界

产业高端化的本质是三大产业的更高发展，其发展边界涉及三大产业领域：**农业高端化，**指以提高农业效益和农业可持续发展为主要目标，凭借具有区域特色的农业资源优势和独特的农产品加工技术手段，开发出农业价值链顶端的优质、生态、绿色、安全产品。高端农业具有高品质、高效益、高消费、精品时尚等特点。**制造业高端化，**指通过产业升级实现核心技术自主化、高端产品国产化的目标。制造业低端化是影响城市综合实力的因素之一，高端制造业是在钢铁、有色金属、电力、石化、煤炭、建材等传统工业领域达到领先水平，或在节能环保、新一代信息技术、生物、新能源、新材料等新兴行业处于产业链的高端。**高端服务业，**既存在于消费者服务业也存在于生产者服务业，它具有人力资本密集、产品品质优良、产品差异性大、投入产出效率高的特点。涉及的主要行业有：金融、民航、传媒、旅游酒店、咨询、会展、教育、医疗、法律等。决定高端服务业发展的主要因素是工业化水平、城市化率、信息化程度、制度环境以及国民收入水平。

（三）产业高端化的发展趋势

产业高端化呈现三大趋势：**一是**掌握产业高端竞争主动权的国家和地区往往主导着产业转移格局和国际资本流向。**二是**现代服务业和高科技制造业成为价值链的高端产业，并左右着全球经济态势。**三是**信息化推动先进制造业走向“微笑曲线”两端，掌握先进制造业核心竞争力的国家和地区一般在国际产业链中处于支配地位。

（四）产业高端化的发展路径

实行产业高端化战略，关键是占领价值链的高端。一般而言，产业高端化的发展路径主要有三种方式。**一是引入型产业高端化。**以招商引资等方式，借助他人成果和经验带动产业高端化发展。这一模式有利于用较少时间和成本实现产业跨越发展，以高端项目的引进带动技术进步和管理理念、经营方式、组织形式的变革，形成高端技术创新和市场扩张功能，逐步完善优势产业链条，提高高端项目与本地产业的融合度，增强产业高端化的植根性。**二是内生型产业高端化。**利用现代技术和一些特殊政策措施，促进知识创新、技术创新和管理创新，逐渐培育知识密集型的高端产业，扩大高技术含量、高人力资本含量、高附加值产品的比重，渐进式推动高端产业的发展。同时，不断创新商业模式，加快技术与产业的融合，通过产业延伸，培育壮大高端产业集群。**三是改造型产业高端化。**以传统产业升级方式促进传统产业向高端领域渗透和延伸。该模式能有效地发挥传统产业优势，为各类战略性新兴产业发展提供坚实支撑和配套环境，是一种经济有效的发展道路，有利于在国家战略大力推动和市场需求强劲拉动下，逐步形成新的产业形态，以及在传统产业领域不断创新高端产品。

二、杭州市九城区产业高端化、特色化态势

（一）产业高端化、特色化的基础

通过梳理杭州九城区“十三五”规划，九城区的产业导向如表1所示，信息经济（技术）、健康服务、金融服务、文化创意是各城区产业发展的重点。

表1　九城区“十三五”产业导向汇总

区域	“十三五”产业导向
滨江	智慧安防、网络通信设备制造、信息软件、物联网、电子商务、集成电路设计、动漫游戏、金融、网络传媒
萧山	高端装备制造、信息技术、金融服务、新能源汽车、健康服务、旅游、文化创意

续表

区域	“十三五”产业导向
余杭	信息经济、高端装备、节能环保、健康服务、时尚、金融服务
富阳	信息经济、生物医药、装备制造、金融、电子商务、造纸、现代农业、旅游、铜冶炼、建材
上城	金融服务、文化创意、信息技术、商贸旅游、健康服务
下城	商贸、金融服务、文化创意、健康服务、信息技术
江干	金融服务、信息服务、文化创意、现代商贸、中介服务、大健康服务
拱墅	信息、金融服务、文化创意、商贸旅游、商务服务、健康产业、智能制造、建筑规划
西湖	信息经济、文化创意、休闲旅游、跨境电商、智能制造、互联网金融、健康产业

根据每个城区的产业基础和“十三五”产业导向，各城区的特色产业如表2所示。

表2　九城区特色产业

区域	特色产业
滨江	智慧安防、网络通信设备制造、信息软件、物联网、集成电路设计、动漫游戏
萧山	高端装备制造、信息技术、新能源汽车、旅游
余杭	高端装备、节能环保、时尚
富阳	生物医药、装备制造、造纸、现代农业、旅游、铜冶炼、建材
上城	金融服务、文化创意、商贸旅游、健康服务
下城	商贸、金融服务、健康服务、信息服务
江干	金融服务、信息服务、现代商贸、中介服务
拱墅	文化创意、商贸旅游、智能制造、建筑规划
西湖	信息经济、文化创意、休闲旅游、跨境电商、智能制造、互联网金融

（二）重点产业的区域分布与特色

课题主要对信息经济、文化创意产业和旅游业三大重点产业进行分析。

1. 信息经济

2015 年，杭州以“一号工程”建设为统领，发展信息经济，推进智慧应用，信息经济各产业规模持续扩张，增速贡献明显，成为杭州经济转型升级的重要推手。分区来看，滨江区、余杭区和西湖区总量、速度在全市遥遥领先，分别实现信息经济增加值（剔重）647.34 亿元、619.15 亿元和 312.32 亿元（见表 3），增加值占全市信息经济的 68.2%。

表 3　2015 年信息经济分区增加值（剔重）

地区	增加值（亿元）	增幅（%）	占比（%）
上城区	44.08	11.7	5.12
下城区	73.06	17.1	9.56
江干区	46.21	18.8	9.31
拱墅区	40.81	11.5	9.47
西湖区	312.32	23.4	35.16
滨江区	647.34	29.8	81.90
开发区	81.78	13.9	13.92
萧山区	105.41	19.3	5.85
余杭区	619.15	29.9	50.11
富阳区	59.33	15.3	9.22

2. 文化创意产业

自 2007 年杭州提出打造“全国文化创意产业中心”以来，文创产业已成为杭州经济的新增长点，“中国电视剧第一股”华策影视、“中国旅游演艺第一股”宋城演艺、“中国数字电视内容原创第一股”华数传媒、“中国民营广告第一股”思美传媒、“中国网吧服务软件第一股”顺网科技等一大批知名文创企业先后上市，领军全国。杭州在提高文创产业规模化、集约化、专业化水平，推动文创产业成为国民经济支柱产业的道路上，实现了跨越式发展，摸索创新出一套富有地方特色的文创产业“杭州模式”，也助推着城市经济转型升级。2015 年，全市文创产业增加值达 2232.14 亿元。由于信息服务业是文化创意产业的核心层，且 2015 年所占比重高达 49.5%，增长贡献率 63.4%，从分区县来看，余杭、西湖、滨江依然位列主营业务收入前三名（见表 4）。

表 4　2015 年规上文创企业主要指标分区情况

地区	主营业务收入（亿元）		利税（亿元）		从业人数（人）	
	本期	增幅（%）	本期	增幅（%）	本期	增幅（%）
上城区	201.16	17.8	12.61	−1.3	20805	1.6
下城区	399.33	11.4	29.99	24.7	32856	−2.9
江干区	136.95	15.2	7.47	16.9	20668	15.2
拱墅区	116.74	12.8	7.42	2.3	22070	0.4
西湖区	670.79	18.5	139.48	23.5	65450	5.0
滨江区	639.15	41.0	188.72	48.5	73994	4.1
开发区	35.41	7.3	4.47	15.8	8423	2.7
萧山区	270.19	5.7	14.55	−14.5	37366	2.7
余杭区	1271.40	70.5	467.15	21.4	31127	18.0
富阳区	114.83	36.8	6.47	16.0	11145	−7.9

3. 旅游业

2015 年，杭州旅游行业积极适应新环境、新常态，不断加大政策引导和项目建设，加快与相关产业跨界融合发展，全市旅游市场呈稳定发展态势，游客数量、旅游收入等主要指标实现较快增长。分区域看旅游收入，主城区占绝对优势。随着乡村旅游的日益火爆，萧山、余杭、富阳旅游市场也呈现快速增长态势（见表 5）。

表5　2015年杭州市分地区实现国内旅游收入情况表

地区	国内旅游收入（亿元）	同比（%）
全市	2019.74	15.8
主城区	1163.73	16.1
萧山区	227.10	9.8
余杭区	144.41	18.5
富阳区	83.11	18.3

（三）产业高端化、特色化的问题

1. 九大城区产业结构趋同

通过对杭州九城区产业现状和“十三五”产业规划的梳理，发现九城区产业结构趋同，如所有城区均将金融、信息经济列为主导产业。当然，杭州九城区产业同构现象的产生有其必然性，经济发展水平接近、投资环境均质化及资源禀赋相似等因素都导致各地在产业扩张过程中表现出产业结构趋同，这是经济规律的自然作用。但产业结构相似系数过高，不利于资源的优化配置，一方面，可能导致各地方政府为了保护本区利益，招商引资等恶性竞争；另一方面，对其他产业产生明显的资源挤出效应，为区域产业的长远发展埋下阴影。

2. 信息企业集中程度较高

自“一号工程”实施以来，杭州信息经济得到长足发展。2015年，市规模以上信息经济核心产业主营业务收入和利润分别为4645亿元和954亿元，占全省比重分别高达47.1%和69.5%，从业人员数也达到33.3万人。但杭州信息经济主要依托于阿里系、网易、海康等大型龙头企业的快速发展。2015年，杭州排名前十信息经济企业的增加值总量达1000亿元左右，占全市信息经济总量的45%。在排名前十企业中，阿里系企业家数占据一半，增加值总量达700亿元左右，占全市信息经济总量的30%。由于信息经济不同于传统的制造业，一个龙头企业的经营生产，依赖于众多与其相配套、协作的企业，信息经济类企业资产轻、独立性强，与之对应，根植性却不如传统制造业企业，坊间戏言“人脑＋电脑，拿包就能跑”，因而，龙头企业的迁移或经营的变动，容易对信息经济造成较大的波动。如西湖区信息经济主要依赖于支付宝、浙广电的拉动，而随着支付宝搬迁至上海，全区信息经济的总量受到影响，与滨江区、余杭区的差距拉大。

3. 平台多企业少现象显现

杭州产业发展的平台较多，但是真正可以支撑产业数据的企业仍偏少。**一是**产业集聚规模不大，大企业、大项目真正落地的不多。如据统计云栖小镇集聚涉云企业130余家，真正达到规上企业仅华通云数据、阿里云两家，富士康创新牧场、数梦工厂等大项目有待实质性落地。总的来说，很多特色小镇产业平台仍在起步阶段，实际达到一定规模的企业不多，能够反映产业数据的更加凤毛麟角，对平台经济的支撑非常有限。**二是**企业对外宣称的数据与实际财务营收数据不匹配。部分企业对上报数据仍有所顾虑，一些成长型较好的企业基于税费等因素的考虑，其财务报表数据与企业本身经营规模、对外宣称的数据不匹配，财务数据若未达标准，企业就无法纳入统计申报数据，如西湖区跃兔网络2014年称利润达到5000万元，但从其收入规模看，还是统计库中的限下企业。另外一些比较知名的企业财务数据却不尽如人意，如知名手机APP蘑菇街主办企业时趣信息、卷瓜网络增加值分别为–4524万元、–1841万元，在西湖区信息经济企业中排名最末两位。

4. 产业链条缺乏协同创新

企业在发展中长期存在着重主机、轻部件的现象，这样往往造成“强整机、弱部件”的问题。城市产业发展过程中，更注重产值和规模，而忽视配套零部件产业的发展，在产业政策方面，政府对最终产品的关注度远高于零部件，相应的科研开发也比较重视形成最终产品和突破核心和关键技术，而忽视基础材料和关键零部件的研发。基础零部件生产领域的企业规模小，技术水平普遍较低，形成基础零部件主要为中低档产品配套的局面，如滨江区聚光科技公司反映，零部件和材料成为制约其整机质量的瓶颈。整机企业把主要精力放在最终产品上，对上游零部件企业研发支持不够，整个产业链条缺乏协同创新和针对某些特定技术难题的联合攻关。

5. 特色产业质量优势衰减

特色产业质量问题主要体现在以下几个方面：**一是**杭州特色产业产品质量参差不齐，大型龙头企业产品质量控制严格，如万事利、天堂伞业等，而产业集群内大量中小企业生产规模小，工艺较简单，测试设备不完备，技术力量比较薄弱，有的无专职质量技术人员。另外，企业员工的流动性加大，人员更换频繁不仅导致企业用人成本急剧升高，同时也为质量控制能力带来极大的波动。这种情况下，企业对生产人员的专业技能、质量意识、生产素质培训培养投入不足，普遍要花数倍精力才能维持一定的质量控制水平，致使产品质量稳定性差。**二是**一些行业如羽毛球拍、服装、新型墙体材料等门槛较低，企业数量增加较快，虽然加强了不合格生产企业的监督复查力度，多方面强化企业的质量意识，但企业产品质量稳定性不强，总体合格率仍然偏低。**三是**市场竞争日趋激烈，企业盈利艰难，有的企业为了降低成本，原材料把关不严，甚至降低原材料质量，如个别钢化玻璃、铝型材企业为了追求利润最大化，以厚度允差下限生产导致厚度偏薄。**四是**集群内公共质量检测平台缺失。有的企业检测手段单一，设备相对落后，较为昂贵的检测设备，单个中小企业难以购置，导致部分特色产品质量不稳定，安全性能降低。

三、促进产业高端化、特色化的建议

（一）产业高端化的发展思路

杭州产业高端化的总体发展思路：服务业向中心区集聚，制造业向集聚区集中，农业向生态化发展。主要应体现以下几个方面：**一是要素高级化。**杭州土地资源、劳动力等低级要素的比较优势不再，而技术、人才、信息等高级要素的比较优势尚未形成。加快形成高级要素的比较优势，将成为杭州产业突围的重中之重。**二是业态高效化。**工业采购、销售、管理、生产、研发需要大量借助互联网与物联网，而高效的新型电子商务也可以弥补传统专业市场的不足。**三是技术高端化。**在制造业生产技术上，要紧随世界工业科技革命的步伐，目前尤其要抓住第三次工业革命、第六次科技革命的机遇，将智能化技术广泛运用到工业生产与组织中，推进杭州工业向 4.0 版跳跃性升级。**四是产业高阶化。**建立起以高新技术产业为主导的工业结构，在产业链上，占据研发设计、品牌营销、物流配送的高附加值两端。**五是产品高档化。**产品的质量高、品牌形象好、产品附加值高、销售利润率高。**六是组织高强化。**产业组织的竞争能力与抗风险能力强，形成以大企业与技术研发企业为中心、中小企业为外围的较为稳固的专业化分工协作体系。

（二）产业特色化的核心支撑

特色产业，必须是你有别人没有，而且还要有一定水平，具有这两个方面才会称得上比较有特色。近年来，以电子商务、云计算、移动终端、互联网金融、养老养生等为代表特色小镇已经成为杭州市最有特色、最具活力的经济增长点。杭州要大力发展特色产业，重视特色小镇和产业集群发展的重要性自不待言。产业集群要想长远立足，必须强化核心技术支撑，突破关键的核心技术，提升自身的核心竞争能力，如采取财政扶持、政策引导、倒逼机制等多种手段促进企业加大研发和技改投入，增强集群企业的技术水平和科技创新能力，在掌握核心技术程度上有质的提升。特色小镇通常以四种方式实现产业升级，提高创新能力实现在全球价值链的制造为环节上的垂直升级；延伸产业链实现升级；发展总部经济实现功能升级以及发展战略性新兴产业。不同类型的特色小镇升级路径也不同，但共同点是“升级发展需要各级政府的引导、扶持”。建议实施“一镇一策”工程，每个小镇配备一名市领导协调工作，若干名部门领导、专家担任顾问联络员；也可借鉴东莞专业镇转型升级的做法，一是直接资金支持和融资扶持，二是开展简政强镇，向专业镇放权。另外，加大力度建立严格的质量保障体系，确保产品、服务优质、可靠，为开拓国内外市场、建立稳定的市场客户群、提升产品、服务的市场竞争力、提高特色产业综合经济效益打下坚实基础。

（三）探索协议性的区域分工

目前，杭州九城区产业结构虽然没有严重同构，但也要重视相当程度的趋同现象。如金融作为基础性、普适性的产业，任何区域经济发展都不可或缺，但一个城市每个区域都把金融作为主导产业，就值得商榷了。1961 年，学者林德就提出了代表性需求重复理论，即在收入水平接近，需求格局类似的工业区域间的贸易理论，该理论认为即使在此条件下区域分工仍然是能够发生的。日本学者小岛清认为，在比较优势不存在的条件下，决定分工的主要原因是规模经济，由于这种分工一般不能通过市场机制自动地实现，需要当事双方的某种协议加以实现。城市经济可持续发展依赖于产业结构的不断调整和优化，而城市产业结构在向高级化、特色化演进的过程中，产业雷同、恶性竞争一直以来难以回避，期间，政府的干预充当了重要的角色。为此，课题组建议市政府在全市层面探索协议性区域分工，即每个区域在确定主导产业的同时，能否在某些产业发展方面也做出选择性的退让。

（四）倡导多元化的产业崛起

随着杭州“一号工程”的不断推进，相关部门也加大了统计、考核的力度，全力促进信息产业的发展。但信息经济目前主要集聚在滨江、余杭、西湖三区，2015 年下半年，三大城区信息经济增加值占全市的 68.2%，并较上半年扩大 0.8 个百分点。从总量上看，前三名的位次短期内不会有变化。滨江区本身的起点与定位高，是国务院批准的首批国家级高新区，其经济总量的 60% 以上都来自于信息经济，其物联网、电子信息制造、信息软件等产业发展迅猛，辖区内云集了海康威视、阿里巴巴集团、网易等一大批高新技术知名企业，在全市的龙头地位短期难以撼动。余杭区主要得益于阿里系企业的拉动，淘宝、天猫、聚划算等电商企业年收入均成倍增长，其信息经济占经济总量超过30%，今后发展依然向好。西湖区则依托浙江大学，信息经济发展的基础优势明显，如数字内容、软件与信息服务业一直是西湖区信息经济的两大支柱产业，其增加值占整个信息经济增加值的70%以上。近年来，特色小镇的发展也支撑着西湖区信息经济的进步。其余各区目前总量偏小，占各区GDP均低于15%，速度低于全市平均水平。有的区域信息经济对全区增加值贡献率很小，仍处于发展的初始阶段，涉及的企业也较少，像机器人、集成电路、物联网、移动互联网等产业基本空白，更缺乏具有国内较高影响力的优势企业支撑，区级政府和相关部门的压力与焦虑可以想象。建议杭州市政府在推出“一号工程”的后续，能推出产业发展的“二号工程”“三号工程”，对各区的产业考核，也从单一性转向综合性，这样可以避免从市级层面对个别产业过度重视而忽略或减少对其他产业的关注，实现城市优势、特色产业的均衡发展。

（五）加大基础行业扶持力度

由于零部件等基础行业的投资大、周期长、收效慢，又有一定风险，长期以来，关键零部件和材料产业发展缺乏明确的发展规划，对零部件产业的发展也缺乏系统性的战略设计和政策设计。要实现产业升级，需要相应的政策扶持。如实施首台（套）重大技术装备或高技术产品财政补贴的同时，对相应的基础行业也给予相应的支持，在项目规划、土地供给、环境保护、基础设施配套等方面给予优先考虑，以政策措施激励高端产业关键材料和零部件提升。

（六）优化产业公共服务产品

以市场需求为导向，进一步解放思想和创新思路，提供更多更好的具有城市特色和与市场接轨的产业公共服务产品，不断优化投资软硬环境。**一是**打

造信息平台，实现政企对接。建立统一的招商引资信息平台，鼓励已落户企业将此平台介绍给伙伴企业和同行，扩大信息辐射面，实现政企信息对接，使有投资意愿的企业主动来杭落户。**二是激活民间资本，降低企业融资难度**。应着力激活民间资本，积极引导民间资本为经济发展服务。政府以一定的财政资金为引导，吸引大量民间资本组建相关金融机构，为企业提供贷款贴息、政府优惠贷款以及提供信用担保。同时设立引导基金，投入与风投公司投资成比例的配套资金，扶持具有成长空间的中小企业发展。**三是吸引高端产业领军企业**。“引凤入巢”式的高端产业发展战略，有利于原有经济基础发达地区降低高端产业发展过程的机会成本，通过引进内外资高端龙头企业，以龙头企业的发展来带动本地高端人才的集聚与本地服务业为这些高端产业提供的生产者服务业配套项目向高端延伸。这些因素的发展可以促进本地高端制造业与高级生产性服务业的成熟与壮大，同时，本地中小型高端产业在向这些“外源”式高端产业的学习与提供配套过程中，可以加快本地产业高端化的步伐。

台湾产业园区转型发展动向及对杭州的启示

汪 涛*

台湾产业园区自20世纪60年代设立之初就成为台湾省经济、产业政策执行的重要平台。近年来，受到产业内在发展规律、外部国际市场变化、同业竞争等因素的影响，台湾省各类产业园区发展渐显疲态，直接导致台湾省经济实力下滑。为扭转这一发展态势，台湾制订了《台湾产业科技前瞻研究计划》，以各类产业园区为载体，推进园区差异化发展、园区产业化、产业集群化、集群国际化"三化"建设、都市型科技园区培育等策略，促进产业全面创新升级，重塑台湾经济综合竞争力。

一、对产业园区进行重新分类谋求差异化发展

面对未来产业发展与国际竞合需求，台湾对各类产业园区进行重新分类，强调突出产业科技园区、主题园区、科学园区、都市计划工业用地等园区的不同特性，制定差异化的发展目标和策略，有层次地进行产业结构调整。这一做法主要是为了减少园区自相竞争的内耗状况，同时强化产业集群效益，促进多元产业结构转型与升级。

一是产业科技园区——产业创新领航者。自20世纪60年代起开发的台湾工业园区（产业科技园区的前身），经过数十年的发展，逐渐面临公共设施

* 作者单位：浙江大学城市学院。

不足、厂房闲置、土地私有化加剧及政府管理难以深入等问题。展望未来，无论是园区自身发展需求，还是台湾省吸引外资、培育竞争力产业的需要，产业科技园区将更加聚焦产业技术创新。总体定位为下一阶段台湾主力产业[①]升级的重要载体，依托更多政府政策倾斜、更强土地要素保障、更有力创新动能支撑以及更丰沛的产业基础，以及都市型创新园区的辐射带动，提高增强产业竞争力。

二是主题园区——专业领域深耕者。台湾《产业创新条例》规定，相关政府主管部门都有产业推动的责任。这意味着根据各部门的职能要求，针对特定产业和技术发展而设立的主题式园区或实验园区将会大量涌现。该类园区适合发展定位于促进产业结构调整的中坚产业[②]，如“环保署”的环保科技园区、“农委会”的农业生技园区等都属于这类主题园区。

三是科学园区——优势竞争力建构者。20 世纪 80 年代，台湾省为促进电子、半导体等高科技产业发展建立了科学园区。科学园区被设定为保税区，加上周边产学研创新链完整、生活配套设施完善，管理采用单一窗口服务，土地采取租赁方式降低企业成本，成为高附加值企业的集聚地，定位于台湾科技创新发展的核心载体。

四是都市计划工业用地——地方产业开拓者。都市计划工业用地的实际规划权归属于地方政府，在实际操作中，地方政府可利用《都市计划定期通盘检讨机制》等法规对产业用地的配置进行弹性调整，建设地方特色产业、传统产业、文化创意及综合型产业发展基地，未来更可进行全球策略性投资布局，强化国际竞争力，带动上下游产业联动发展。

---

①目前产值在兆元（新台币）以上，如半导体、平面显示、石化、钢铁及基本金属、金融服务流通服务等产业。

②目前产值在 3000 亿～5000 亿（新台币），如精密机械、宽带服务、医疗保健、数位内容、观光休闲及教育服务等产业。

二、以“三化”理念推动产业园区升级

现阶段，台湾产业园区发展在制造生产、软硬件配套、成本质量、物流配送市场营销及企业管理等方面已经具备一定的技术知识与人力资源积累，但仍然存在一些问题。**一是政府在企业经营中能够着力的部分较少。**管理部门在协助企业拓展业务版图方面的作用并没有完全发挥，同时公共事业资源也经常缺乏有效的发挥与利用。**二是产业间缺乏跨领域合作。**企业向全球市场拓展能否成功取决于自身的资金实力与发展机遇，缺乏产业间的协同发展也为企业拓展国际业务带来一定风险，并影响最佳效益的发挥。**三是台湾并未真正将园区运作模式视为一个“产业”加以规划培植。**相比新加坡标准化的园区运行管理模式，台湾各园区管理水平参差不齐，容易导致企业因缺乏新的经营知识和有效的人才流动，失去创新的刺激来源。

为提升产业园区的整体发展层级和水平，台湾未来计划以“园区产业化、产业集群化、集群国际化”的“三化”概念，引导园区转型升级。**一是园区产业化。**政府部门协助各园区服务中心转型为集开发、设计、管理与招商等功能于一体的专业机构，并逐步整合污水及废弃物处理、能源、仓储、物流、金融、法律、医疗、餐旅与休闲等相关服务，促进园区服务商品化，进而发展为具备台湾“科文共裕”特色的“园区产业化”。**二是产业集群化。**注重以强调资本、服务、土地和劳工为主的制造型群聚、以强调资讯交流、网络合作和研发为主的创新型群聚和以强调基本环境、竞争力和创新力为主的综合型群聚三种集群现象，制定相应集群政策。特别是强调园区产业集群朝着“创新走廊”的方向进一步整合，以设计概念重塑产业集群与价值链，提升制造业附加价值。**三是集群国际化。**通过园区产业及专业机构的合作，将台湾有必要或有潜力进行国际布局的产业输出至跨国合作的海外新建园区，带动周边服务产业开展国际化服务，提升台湾企业价值链附加值，腾出本土空间发展新兴产业、优化产业结构。

三、大力发展都市型科技园区引领区域创新

目前，台湾省面临人口持续向都市区集中、老龄化与年轻劳动力不足、可持续发展对企业环保要求愈加严苛、岛内各区域发展不平衡等问题。为此，台湾提出大力发展都市型产业科技园区等重要创新平台，打造兼具地方特色与竞争力的区域创新系统。**都市型产业科技园区具有三大功能：一是可以有效利用都市区人口稠密的优势**。借助台湾众多的城市化人口，在地狭人稠的都市区（如台北市南港软件园区、新北市新庄区等核心产业发展区域）中构建创新生态体系，投入集约化、高附加值的创新活动，将有助于激活区域创新活力、优化产业结构，同时提供更多的优质就业岗位。**二是可以有力保证可持续发展的环保要求**。随着产业高端化的转型需求与生态环保理念的深植人心，台湾岛内过去高污染、高耗能的“重厚长大”产业已逐渐远离民众的居住空间。以创意、绿色、低耗能、自动化为特色的都市型产业科技园区则可以在区域创新系统中扮演火车头角色。**三是可以增强都市型产业科技园区与城市发展之间的良性互动**。对于新型产业科技园区的区位选择，都市区是重要的经济节点，是运筹管理、知识创造、信息汇流与技术创新的中心，也因贴近市场而具有融资与营销的功能，更有相当的人力资源支持园区的发展。而园区所提供的就业机会、产学研合作空间，不仅能够提升城市的承载能力，还能够促进城市的创新发展。

四、对杭州的启示

2008年国际金融危机之后，随着传统制造业模式暴露出的技术层次较低、资源耗费大、人力成本上升等问题，产业园区转型发展再次成为热议的话题。台湾省的经验做法为杭州推进传统园区的转型升级提供了参考。

（一）以“园区产业化”促进园区运营管理升级

推动杭州各类产业园区以及特色小镇等创新平台向服务型园区转型升级，以市场化手段对园区各类公共配套服务进行专业化运营管理，提升技术、信息、金融、生活等公共服务资源的利用效率。同时大力发展生产性服务业，加快金融商贸、仓储物流等现代配套服务业建设，为园区内主导产业转型升级创造更加有利的条件。

（二）以“园区国际化”推动融入“一带一路”战略

随着“一带一路”国家战略的深入实施，建立合作园区、鼓励企业“走出去”成为发展趋势。建议杭州加大对“一带一路”沿线国家的战略投资，积极布局海外合作园区、引入优质项目。同时坚持“园区国际化”的发展思路，在海外园区探索打造国际化的运营队伍和平台公司，提升杭州产业发展链接国际创新资源的能力，在产业投资、产业链构建、市场开发等方面增强产业国际竞争力。

（三）顺应城市转型发展趋势，大力发展都市型产业科技园区

台湾大力发展都市型产业科技园区的经验告诉我们，园区的转型发展仍然要依托城市的区位优势，即各类创新要素集聚、更加贴近市场的特性。当前，随着人口老龄化和土地资源约束进一步趋紧，城市的转型发展进入了新的阶段。在这样的发展背景下，建议杭州结合城中村改造等城市更新工程，以发展创新型城区的理念谋划建立都市型产业科技园区，在产业引入和技术创新方面设立更高的标准，以适应社会结构转型和国际经济贸易所要求的可持续发展与环保标准，打造城市创新系统的强劲引擎。

附 录

《附录一》选取国内城市 2017—2018 年度楼宇经济发展方面出台的重要政策、实施的重点举措、取得的重大成绩等重大事项，以飨读者。

《附录二》重点介绍历届“中国楼宇经济峰会”

附录一

中国楼宇经济发展大事记（2017—2018）

2017 年 1 月 6 日，盘锦盘山县政府出台《盘山县促进楼宇经济发展实施方案》。

2017 年 1 月 6 日，济南槐荫区政府出台《槐荫区鼓励楼宇经济发展扶持政策实施细则》。

2017 年 3 月 24 日，绍兴越城区政府出台《关于加快楼宇经济发展的实施意见》。

2017 年 3 月 28 日，广州越秀区举办“2017 高端服务产业推介会”，提出要大力发展总部楼宇经济，构建形成以科技、人才、资本、信息等高端要素为主要内涵的现代服务业体系。

2017 年 4 月 1 日，嘉兴南湖区政府出台《2017 年南湖区楼宇经济工作推进实施方案》。

2017 年 4 月 1 日，福州鼓楼区政府出台《关于印发推动新一轮经济创新发展十二项政策的通知》。

2017 年 4 月 14 日，长沙岳麓区政府出台《岳麓区商务楼宇经济服务体系建设实施方案》。

2017 年 4 月 17 日，南昌青山湖区政府出台《青山湖区促进楼宇经济加快发展实施意见》。

2017 年 4 月 28 日，中国楼宇经济知名学者夏效鸿编著的“中国楼宇经济蓝皮书"《中国楼宇经济发展报告2016——"去库存化"任务下的楼宇经济发展》由人民日报出版社出版发行。《"去库存化"任务下的楼宇经济发展》是继《转型升级背景下的楼宇经济发展》《楼宇经济与城市可持续发展》《楼宇经济发展与政府服务力提升》《"新常态"下的楼宇经济发展》《楼宇经济"2.0时代"的"互联网+"路径》之后发布的第6部《中国楼宇经济发展报告》。

2017年5月10日，杭州江干区政府出台《江干区大招商机制实施意见》。

2017年5月12日，嘉兴南湖新区管委会出台《关于加快南湖新区楼宇经济扶持政策的意见（试行）》。

2017年5月12日，福州鼓楼区出台《鼓楼区关于扶持楼宇经济发展的四条措施》。

2017年5月24日，广州越秀区创新发布"钻石29条"，出台《越秀区促进产业园区发展和商务楼宇提升暂行办法》，对园区（楼宇）业主和运营团队、行业中介、商会协会进行大额度奖励，成功打造亿元楼宇、认定为国家级创新型载体、推进园区（楼宇）升级改造等奖励均可达500万元。

2017年6月23日，宁波鄞州区出台《鄞州区商务楼宇经济发展扶持专项资金使用管理办法》，明确了2017年商务楼宇项目的具体补助内容。补助对象为在鄞州区注册纳税的楼宇业主、物业公司和楼宇运营企业。

2017年6月27日，烟台芝罘区政府出台《芝罘区楼宇经济发展扶持奖励办法》《芝罘区促进楼宇经济提质发展三年行动计划（2017—2019年）》《芝罘区促进楼宇经济提质发展工作机制》等配套文件。

2017年7月6日，长沙岳麓区出台《岳麓区2017年度总部经济及楼宇经济工作目标考核细则》。

2017年7月12日，上海浦东新区政府出台《浦东新区"十三五"期间促进楼宇经济发展扶持办法（试行）》。

2017年7月13日，济南历城区政府出台《关于加快历城区楼宇经济发展的实施意见（试行）》。

2017年7月20日，邢台桥东区政府出台《关于进一步促进楼宇经济发展的实施意见》。

2017年7月27日，广州越秀区政府出台《越秀区促进产业园区发展和商务楼宇提升暂行办法》。

2017年8月1日，鞍山市千山区政府成立“千山区加快楼宇经济发展领导小组”。

2017年8月11日，“中国楼宇经济创新实践基地经验交流会”在杭州举行。北京海淀区、深圳盐田区、南京秦淮区、成都温江区、南昌西湖区、广州天河区、武汉武昌区、重庆渝中区等20个城区政府交流了基地命名授牌以来楼宇经济发展的成绩、痛点、困惑及下一步设想。

2017年8月11日，成都武侯区发布《武侯区楼宇经济提质增效三年行动方案（2017—2020年）》。

2017年8月12日，“第三届中国楼宇经济峰会”在杭州成功举办。与会城区党委（政府）负责人、企业总裁围绕《品质品位品牌：楼宇经济的下一个“风口”》峰会主题进行了研讨交流。中国楼宇经济知名专家、《中国楼宇经济蓝皮书》编著者夏效鸿副研究员作了《抢占楼宇经济的下一个“风口”》主旨演讲，重庆解放碑中央商务区、南昌红谷滩新区等城区政府分享了楼宇经济的发展经验。峰会还发布了《中国楼宇经济发展报告2016——“去库存”任务下的楼宇经济发展》。来自全国23个城市的28个城区政府及主管部门负责人，43家楼宇企业、楼宇物业管理企业总裁等近300人参加了会议。

2017年8月12日，“中国楼宇运营管理总裁峰会”在杭州举行。高力国际、之平管理及深圳、重庆、杭州、成都、南京等地品牌楼宇物业管理公司总裁就《楼宇运营与品牌提升》畅谈了感想与体会。

2017年8月12日，“第三届中国楼宇经济峰会”举行表彰大会。天津和平区、深圳南山区、广州越秀区、宁波鄞州区、厦门思明区、杭州拱墅区、长沙芙蓉区、青岛市南区、南京鼓楼区、成都武侯区获“2016中国楼宇经济十大活力城区”，天津滨海新区、杭州江干区、武汉武昌区、苏州姑苏区、青岛市北区、北京昌平区、济南市中区、郑州郑东新区、成都温江区、重庆沙坪坝区获“2016 中国楼宇经济十大潜力城区”。深圳盐田区、长沙岳麓区、南昌西湖区、咸阳渭城区、武汉武昌区、徐州鼓楼区、淮北相山区、兰州城关区、南京秦淮区、重庆渝中区被命名挂牌为“2017 中国楼宇经济创新实践基地”。会议还表彰了“2016 中国楼宇经济创新奖”“2016 中国活力中央商务区”“2016 中国活力商务楼宇”“2016 中国活力产业园区”“2016 中国品质楼宇物业管理品牌”等。

2017 年 8 月 13 日，首届“‘百城·千楼·万企’招商项目对接会”在杭州举行，50 多家知名企业与城区政府就楼宇招商项目进行了对接交流。

2017 年 8 月 16 日，人民网对“第三届中国楼宇经济峰会”进行宣传报道。

2017 年 8 月 29 日，潍坊奎文区政府出台《关于加快楼宇经济发展的实施意见》。

2017 年 9 月 6 日，青岛市市北区出台《市北区关于促进楼宇经济发展扶持办法》。

2017 年 9 月 6 日，杭州江干区政府出台《关于加快构建国内一流现代化中心区现代产业体系的若干政策意见》。

2017 年 11 月 2 日，广州市越秀区举办“2017 年越秀金卡首发暨星级商务楼宇发展大会”。

2017 年 12 月 1 日，咸阳渭城区着手编制《渭城区楼宇经济发展规划（2018—2022）》。

附录二

中国楼宇经济峰会

“中国楼宇经济峰会”是中国楼宇经济蓝皮书、中国楼宇经济发展联盟携手人民网、人民日报出版社等主流媒体、知名出版机构共同打造的峰会品牌。会议采取主论坛、分论坛、圆桌研讨等形式，紧密结合当年国内外经济发展大势、楼宇经济发展态势等进行主旨演讲、主题研讨，发布当年《中国楼宇经济蓝皮书》《中国50个城区楼宇经济发展水平评价》。表彰“中国楼宇经济活力城市”“中国楼宇经济十大活力城区”“中国十大活力中央商务区”“中国十大活力商务楼宇”“中国十大活力产业园区”“中国品质楼宇物业管理品牌”等，颁发“中国楼宇经济创新奖”“中国楼宇经济突出贡献奖”，并命名“中国楼宇经济研究实践基地”。峰会目的在于更好地搭建全国性的楼宇经济发展研讨、交流、合作平台，本着共同参与、合作共赢的原则，轮流在全国楼宇经济发展重点城区举办，参加对象为各地城市（区）党委政府领导、知名专家、楼宇企业高管、物业管理企业高管等。

（一）首届中国楼宇经济峰会

2015年6月17—19日，“首届中国楼宇经济峰会”在杭州举行，与会专家学者、政府官员、企业高管等围绕“‘互联网+’时代的楼宇经济发展”峰会主题进行了热烈的探讨和交流。会议表彰了2014年度中国楼宇经济“十大实力城区”“十大活力城区”“十大潜力城区”，命名成都温江区、洛阳西工区、邯郸丛台区、潍坊奎文区、邢台桥东区为“2015 中国楼宇经济研究实践基地”。全国 16 个城市的 26 个城区近 200 人与会。

2014 中国楼宇经济“十大实力城区”

上海浦东新区、北京西城区、上海黄浦区、北京朝阳区、深圳福田区、广州天河区、上海长宁区、上海静安区、深圳罗湖区、天津河西区

2014 中国楼宇经济“十大活力城区”

北京海淀区、广州越秀区、杭州下城区、杭州西湖区、重庆渝中区、成都锦江区、厦门思明区、青岛市市南区、南京鼓楼区、宁波江东区

2014 中国楼宇经济“十大潜力城区”

成都武侯区、南宁青秀区、天津滨海新区、武汉武昌区、西安碑林区、烟台芝罘区、成都温江区、无锡崇安区、福州鼓楼区、郑州郑东新区

2015 中国楼宇经济研究实践基地

成都温江区、洛阳西工区、邯郸丛台区、潍坊奎文区、邢台桥东区

（二）第二届中国楼宇经济峰会

2016 年 4 月 27—29 日，“第二届中国楼宇经济峰会”在郑州举行，与会专家学者、政府官员、企业高管等围绕“楼宇经济发展与城市有机更新”峰会主题进行探讨和交流。会议表彰了“2015 年中国楼宇经济活力城市”“2015 年中国楼宇经济十大活力城区”，“2015 中国楼宇经济创新奖”“2015 中国楼宇经济突出贡献奖”“2015 中国十大活力中央商务区”“2015 中国十大活力商务楼宇”“2015 中国十大活力产业园区”“2015 中国品质楼宇物业管理品牌”等；命名北京海淀区、南昌红谷滩新区、郑州郑东新区、南京鼓楼区、南宁青秀区为“2016 中国楼宇经济研究实践基地”。

2015 中国楼宇经济活力城市

天津市、杭州市、成都市、嘉兴市

2015 中国楼宇经济十大活力城区

上海长宁区、北京海淀区、深圳南山区、广州越秀区、南京鼓楼区、宁波江东区、杭州上城区、青岛市市北区、郑州郑东新区、烟台芝罘区

2015 中国楼宇经济创新奖

成都温江区、重庆九龙坡区、郑州郑东新区、烟台芝罘区

2015 中国楼宇经济突出贡献奖

王文富（四川德昆实业集团公司董事长）、蒙建群（南宁青秀区委常委、统战部长）、郝双辉（邢台桥东区发改局局长）、胡太奎（洛阳西工区商务局副局长）

2015 中国最具活力中央商务区

重庆解放碑中央商务区（渝中区）、青岛中央商务区（市北区）、郑州郑东新区中央商务区（郑东新区）

2015 中国最具活力县域楼宇经济样板区

杭州桐庐迎春商务区（桐庐县）

2015 中国最具活力商务楼宇

天津峰汇广场（河西区）、成都仁恒置地广场（锦江区）、重庆海航保利国际中心（渝中区）、郑州郑东新区电子商务大厦（郑东新区）、青岛远洋大厦（市南区）

2015 中国最具活力产业园区

烟台 1861 广告创意产业园（芝罘区）、成都医科总部基地（温江区）

2015 中国品质楼宇物业管理品牌

天津立川物业（河西区）、成都欧菲物业（锦江区）、郑州楷林物业（郑东新区）

2016 中国楼宇经济研究实践基地

北京海淀区、南京鼓楼区、南宁青秀区、南昌红谷滩新区、郑州郑东新区

（三）第三届中国楼宇经济峰会

2017年8月11—13日，“第三届中国楼宇经济峰会”在杭州举办。8个城区党委（政府）负责人、6家企业总裁围绕《品质品位品牌：楼宇经济的下一个“风口”》峰会主题进行了分享交流。

中国楼宇经济知名专家、《中国楼宇经济蓝皮书》编著者夏效鸿副研究员作了《抢占楼宇经济的下一个“风口”》主旨演讲，重庆解放碑中央商务区、南昌红谷滩新区分享了楼宇经济的发展经验。在分论坛“中国楼宇运营管理总裁峰会”上，深圳、重庆、杭州、成都、南京等地品牌楼宇物业管理公司总裁就《楼宇运营与品牌提升》畅谈了感想与体会。在分论坛“中国楼宇经济创新实践基地经验交流会”上，北京海淀区、深圳盐田区、南京秦淮区、成都温江区、南昌西湖区、广州天河区、武汉武昌区、重庆渝中区等20个城区政府交流了基地命名授牌以来楼宇经济发展的成绩、痛点、困惑及下一步设想。

峰会还发布了《中国楼宇经济发展报告2016——“去库存”任务下的楼宇经济发展》和《中国楼宇经济发展评价报告2016》。天津和平区、深圳南山区、广州越秀区、宁波鄞州区、厦门思明区、杭州拱墅区、长沙芙蓉区、青岛市南区、南京鼓楼区、成都武侯区获“2016中国楼宇经济十大活力城区”，天津滨海新区、杭州江干区、武汉武昌区、苏州姑苏区、青岛市北区、北京昌平区、济南市中区、郑州郑东新区、成都温江区、重庆沙坪坝区获“2016中国楼宇经济十大潜力城区”。深圳盐田区、长沙岳麓区、南昌西湖区、咸阳渭城区、武汉武昌区、徐州鼓楼区、淮北相山区、兰州城关区、南京秦淮区、重庆渝中区被命名挂牌为“2017中国楼宇经济创新实践基地”。

会议表彰了“2016中国楼宇经济创新奖”“2016中国活力中央商务区”“2016中国活力商务楼宇”“2016中国活力产业园区”“2016中国品质楼宇物业管理品牌”等。在“百城·千楼·万企”招商项目对接会上，50多家知名企业与城区政府就楼宇招商项目进行了对接交流。

来自全国23个城市的28个城区政府及主管部门负责人，楼宇企业、楼宇物业管理企业总裁等近300人参加了会议。

2016 中国楼宇经济实力城区

北京海淀区

2016 中国楼宇经济活力城区

天津和平区、深圳南山区、广州越秀区、宁波鄞州区、厦门思明区

杭州拱墅区、长沙芙蓉区、青岛市南区、南京鼓楼区、成都武侯区

2016 中国楼宇经济潜力城区

天津滨海新区、杭州江干区、武汉武昌区、苏州姑苏区、青岛市北区

北京昌平区、济南市中区、郑州郑东新区、成都温江区、重庆沙坪坝区

2016 中国楼宇经济创新奖

中关村智造大街（北京海淀区）

甘肃互联网创新创业大厦（兰州七里河区）

2016 中国最具活力产业园区

成都温江现代服务业园区（成都温江区）

2016 中国最具活力商务楼宇

南京中海大厦（南京鼓楼区）

重庆平安国际金融中心（重庆解放碑中央商务区）

杭州钱江国际时代广场（杭州江干区）

长沙中盈广场（长沙岳麓区）

南宁华润大厦（南宁青秀区）

2016 中国最具活力中央商务区

广州天河中央商务区（广州天河区）

重庆解放碑中央商务区（重庆渝中区）

杭州钱江新城中央商务区（杭州江干区）

2016 中国楼宇经济突出贡献奖

成都锦江楼宇物业管理协会（成都锦江区）

张和平（成都连康投资有限公司总经理）

2016 中国品质物业管理品牌

南京金陵汇德物业服务有限公司（南京鼓楼区）

四川力宝企业管理有限公司（成都武侯区）

南宁威斯特物业服务有限公司（南宁青秀区）

浙江赞誉物业管理有限公司（杭州江干区）

2017 中国楼宇经济研究实践基地

深圳盐田区　长沙岳麓区　南昌西湖区　咸阳渭城区　武汉武昌区

徐州鼓楼区　淮北相山区　兰州城关区　南京秦淮区　重庆渝中区

（四）第四届中国楼宇经济峰会

2018 年 5 月，“第四届中国楼宇经济峰会”将在杭州举办。与会城区党委（政府）负责人、企业总裁将围绕《楼宇经济：从高速增长到高质量发展》峰会主题进行分享交流。

峰会将发布《中国楼宇经济发展报告（2017）——品质品位品牌：楼宇经济的下一个“风口”》和《中国楼宇经济发展评价报告 2017》。表彰“2017 中国楼宇经济十大活力城市”“2017 中国楼宇经济十大活力城区”，命名挂牌“2018 中国楼宇经济创新实践基地”。上海市、深圳市、北京市、杭州市、天津市、广州市、重庆市、青岛市、长沙市、西安市排名“2017 中国楼宇经济十大活力城市”，深圳福田区、上海黄浦区、北京海淀区、广州天河区、杭州江干区、南京秦淮区、武汉武昌区、重庆九龙坡区、长沙岳麓区、南昌西湖区排名“2017 中国楼宇经济十大活力城区”。上海市、深圳市、杭州市入围“2017 中国楼宇经济样板城市”。

后　记

“只有奋斗的人生才称得上幸福的人生”。尽管湖边的垂柳还没吐芽，南来的风吹在脸上还有些冷峻，驿动的心却早已按捺不住。的确，时间是最伟大的书写者，总会忠实地记录下奋斗者的足迹……

在春暖花开的阳春三月，饱含我们团队智慧、心血与汗水的第7部《中国楼宇经济蓝皮书》——《中国楼宇经济发展报告（2017）》终于问世了。这是我们的第10个孩子！

古人云，“自古圣贤，盛德大业，未有不由学而成者也”。从2002年开始对楼宇经济的关注到2005年楼宇经济研究论文的发表，从2009年出版国内第一部楼宇经济专著《楼宇经济发展研究》到2011年全国第一部《中国楼宇经济蓝皮书》的问世……16年来，我们始终以前瞻的眼光持续关注国内楼宇经济的发展趋势、以鲜活的案例深层研究楼宇经济发展走向、以接地气的方案帮助各地解决楼宇经济发展中的问题，这样从理论到实践又从实践到理论，相继以《转型升级背景下的楼宇经济发展》《楼宇经济与城市可持续发展》《楼宇经济发展与政府服务力提升》《“新常态”下的楼宇经济融合发展》《楼宇经济“2.0时代”的“互联网+”路径》《“去库存化”任务下的楼宇经济发展》《品质品位品牌：楼宇经济的下一个“风口”》为主题，发布了从2011—2017年度的7部《中国楼宇经济发展报告》。可以说，每一本蓝皮书的发布，对楼宇经济发展都是一次促动；每一个主题的确立，又都在引领着楼宇经济的发展潮流。毫不夸张地说，在楼宇经济发展史上，这些都是很有关注度、很有影响力的事件。

“古之立大事者，不唯有超世之才，亦必有坚忍不拔之志”。人生就像花，有的在春天绽放，而有的却绽放在冬天。从2002年到2018年，时间见证的，是不变的坚守。在我的世界里，楼宇经济始终是念兹在兹的不变初心，更是接续奋斗的永恒坐标。俄罗斯总统普京曾经说过，“俄罗斯的领土虽大，但没有一寸是多余的”。套用这句话，我们说，虽然我们服务的城区在不断增加、影响力在不断扩大，但没有哪个城区是多余的，楼宇经济的大家庭不会拒绝每一个新成员。我们的追求无止境、研究无止境、服务无止境，犹如无线“WIFI”，力求覆盖到每一片区域、每一个城区、每一幢楼宇，而不轻易留下“盲区”。只要你在发展楼宇经济，那就“一个都不能少”。

“芳林新叶催陈叶，流水前波让后波”。当中国翻开新时代的崭新画卷，历史注定给出浓墨重彩的书写。我们深知，虽然在楼宇经济研究实践方面拔得了头筹、占得了先机、赢得了认可，但前进的征途上没有一秒是可以懈怠的。我们时刻提醒自己，今天的辉煌，不代表未来可以永远辉煌，我们没有任何轻松懈怠的借口，没有任何骄傲自满的理由，千万不能有“松口气、歇歇脚”的想法，千万不能有“等一等、拖一拖”的念头，唯有以“等不起”的紧迫感、“慢不得”的危机感、“坐不住”的责任感，不忘初心、牢记使命，继续以逢山开路、遇水架桥的开拓精神投身楼宇经济发展的研究与实践。“领头雁”是最不好当的，领跑者必须始终跑在队伍的前面。虽然我们做不到先知先觉，但也不能后知后觉，更不会不知不觉。对于16年来所收获的每一个进步、每一次掌声、每一声赞美，我们都有铭记、都很感激、都受鼓舞，但成绩永远都是“过去时”，楼宇经济研究“永远在路上”，继续为全国各地的楼宇经济发展提供权威、及时、有效的解决方案才是“现在时”，也会是“将来时”。

“新故相推，日生不息”。2018年，是贯彻党的十九大精神的开局之年，是改革开放40周年，是决胜全面建成小康社会、实施“十三五”规划承上启下的关键一年。在习近平总书记确立的时代坐标上，这是最先到来的一个时间节点。中共“十九大”报告明确指出，我国经济已由高速增长阶段转向高质量发展阶段。楼宇经济发展也将和全国经济发展一样转向高质量发展阶段。在这一转变过程中，涌现了许多具有借鉴意义的经验，也有许多值得剖析的案例，需要我们及时进行总结、概括和提炼。因此，我们积极响应中共中央的号召，上接天线、下接地气，前瞻性的以《品质品位品牌：楼宇经济的下一个“风口”》为题展开新一轮的楼宇经济研究，目的是引导各地的楼宇经济摈弃粗放增长、高速增长的发展模式，补齐“短板”、拉长“长板”、加固“底板”，真正转向高质量发展。

明代大儒陆深有句名言：“士贵博古，亦要通今。博古而不通今，无用之学；通今而不博古，无体之学。”对楼宇经济16年的持续研究，让我们积累了一定的经验、掌握了一定的脉络，但经济发展是动态的，必须时刻保持敏锐的洞察力、足够的思考力。我们深信，“不积跬步，无以至千里；不积细流，无以成江海”。为起草好《中国楼宇经济发展报告（2017）》，我借出差之机或专程前往上海、深圳、南京、杭州、徐州、青岛、烟台、潍坊、邢台、嘉兴、咸阳、兰州、淮北等地进行多次专题调研，实地考察了近百幢楼宇，掌握了许多第一手信息。杭州市政府副秘书长陈玮，中共南昌西湖区委常委、区政府常务副区长陈奕蒙，杭州江干区政府副区长王卫安，广州市城市更新局项目审核处处长朱永飞，邢台桥东区发改局局长郝双辉等分别从建设现代国际商贸中心、推进楼宇经济转型升级、村级工业园更新改造、冀中南城市楼宇经济引领区发展等角度提供了所在城市的发展案例，展现了各地的新风采、新特色、新亮点。杭州师范大学王明琳，杭州市气象局张力、胡德云、俞布、梁卓然，宁波市政府发展研究中心冯路，杭州市社会科学院周旭霞，浙江大学城市学院汪涛等结合《中国楼宇经济发展报告（2017）》主题，就建设城市活力空间、通风廊道气候规划、创新推进“城市双修”、城区产业发展高端化特色化策略、台湾产业园区转型发展动向启示等进行了专题研究，为本书的编写提供了新素材、新经验、新成果。杭州市政府副秘书长、市政府研究室主任何利松，清华大学文产规划研究院院长李季，浙江大学经济管理学院副院长王义中，广州市政府研究室工业处处长陈骥，杭州市政府研究室社会处副处长汤华杰、主任科员杨渭蔚等知名高校、科研院所、政府机关的同仁们，为本书的编纂提供了宝贵建议和支持。经济日报出版社对本书的出版、发行给予了大力支持。在此一并表示感谢！也借此机会，向所有给予我们支持、帮助、鼓励、建议、批评的各界朋友表示衷心的感谢！

“同于道者，道亦乐得之；同于德者，德亦乐得之；同于失者，失亦乐得之”。囿于时间和水平，书中难免存有值得商榷之处。“明者因时而变，知者随事而制”。期待有识之士和广大读者的指正！

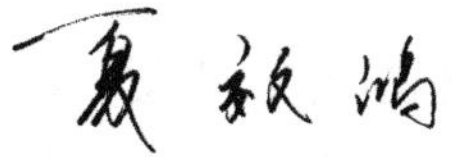

2018 年 2 月 8 日于杭州运河畔

法律声明